© Leopoldo Córdova Romero
© Consejos y Recomendaciones Para Mis Hijos

Por Eleazar Córdova-Bello (†)
Primera edición: abril 2020

ISBN (E-Book): 978-1-7346729-0-9
ISBN (Paperback): 978-1-7346729-1-6

Reservados todos los derechos. No se permite la reproducción total o parcial de esta obra, ni su incorporación a un sistema informático, ni su transmisión en cualquier forma o por cualquier medio (electrónico, mecánico, fotocopia, grabación u otros) sin autorización previa y por escrito de los titulares del *copyright*. La infracción de dichos derechos puede constituir un delito contra la propiedad intelectual.

Diseño, composición y maquetación: Y. Antonio Rodriguez
Diseño de portada y contraportada: María Teresa Plaza
Coordinación del proyecto (edición): Florángel Quintana
Corrector e impresor: Aldo Gonzalez-Serva MD

Miami, Florida
2020

ELEAZAR CÓRDOVA-BELLO

CONSEJOS Y RECOMENDACIONES PARA MIS HIJOS

Pensamiento de Eleazar Córdova Bello.

ELEAZAR CÓRDOVA-BELLO

CONSEJOS Y RECOMENDACIONES PARA MIS HIJOS

Editado en Miami 2020
Escrito en Caracas en 1970

©Leopoldo Córdova Romero

NOTA DE LA EDITORA

Este libro que hoy está frente a ti es la recuperación digital de dos tomos de una obra significativa. Fueron dos libros realizados por un hombre ejemplar, un venezolano de altos valores morales y de espíritu ético a carta cabal. Cada una de las páginas de esos tomos fueron escaneadas y posteriormente transcritas para poder acercar su mensaje a estos tiempos que corren.

El autor Eleazar Córdova-Bello escribió estos *Consejos y Recomendaciones para mis Hijos* con un propósito específico dirigido a sus herederos, quienes hoy gracias a las bondades de un amigo de la familia, el doctor Aldo González Serva, desean compartir con todos ustedes, lectores del milenio.

Sus palabras sabias están circunscritas en la Venezuela de la década de los años setenta. Mucha agua ha pasado desde entonces en las familias venezolanas. Los cambios, las obligatorias transformaciones, los vuelcos que ha dado la sociedad son enormes. Los consejos que ofrece el autor a sus hijos nacen desde el profundo amor paternal y desde la convicción de ser un formador de personas de bien. Son textos cargados de sabiduría que responden a una manera de ver el mundo desde la ética, los valores católicos, la libertad de pensamiento, la responsabilidad en el hacer ciudadano.

Para quienes vivimos en la diáspora es doloroso ver cuánta amoralidad ha cundido en el país, bien que estés en él o que hayas emigrado, la nación que nos dio la vida y nos hizo los adultos que somos ya no está, no es la misma, y tristemente, no volverá a aquellos años hoy vistos desde la marca que dejan los recuerdos bonitos.

¿Y por qué de publicar estas ideas personales y con aires de intimidad? La respuesta es sencilla: porque necesitamos no olvidar las voces reflexivas que nos hacían cuestionarnos en nuestro proceder, en el apego a las normas, en el recordatorio de cómo nos debíamos conducir ante los demás y frente a la vida.

Es la voz del padre que educa, que forma mujeres y hombres valiosos a su sociedad, de eso se trata este libro. Fue hecho desde el amor que se sabe firme en los retos. Fue realizado para garantizar que sus hijos y sus descendientes tuvieran claro cómo enfrentar cada situación que les tocara vivir. En épocas de tantas transformaciones sociales y de tantos cambios en la individualidad, confrontar estas ideas de un historiador, intelectual, docente y padre con las ideas de hoy resulta, por decir lo menos, interesante de considerar. ¿Cuánto hemos cambiado como grupo humano? ¿Cuánto nos hemos olvidado del valor de la diferencia, del respeto a las ideas distintas? Leer una voz de hace décadas aconsejando a sus hijos es un acto de reconocimiento de esas voces de nuestros abuelos, de nuestros propios padres. ¿Acaso hoy en las familias actuales estamos educando en valores? ¿Cuáles fueron esos valores que en Venezuela nos inculcaron la generación de Baby Boomers a los pertenecientes a la generación X? ¿Cómo venezolanos en el exilio, qué le estamos enseñando a nuestros hijos milénicos, a los de la generación Z?

Estas reflexiones saldrán cuando leas este libro, y de seguro recordarás tu casa materna, los dichos de tus abuelos. Este autor, Eleazar Córdova-Bello plasmó su mundo intelectual en als palabras y expresiones propias de un venezolano en sus cincuentas durante los años setenta. En este sentido, la labor de la edición se mantuvo apegada al estilo del escritor; los cambios en la ortografía fueron de simple actualización a las reglas marcadas en la actualidad por la Real Academia de la Lengua española. Dado que fue analizado como un texto clásico se respetaron algunos arcaísmos lingüísticos, pues lo importante era respetar el texto original. Solamente se buscó jugar con diferentes tipografías hasta dar con aquella que simulara la máquina de escribir usada para realizar los libros, dado que esta idea resultaba creativa como si fuese una reedición clásica, revestida de modernidad.

El principal asunto que hubo qué resolver fue la decisión de mantener la fecha do impresión de los tomos correspondiente al año 1970. Cabe destacar que esta no es ni una reedición ni una reimpresión. Es la publicación formal de una idea que se mantuvo impresa en dos armarios cuidadosamente preservados. Son dos originales que su autor hizo imprimir en una litografía de Caracas y dedicó a sus hijos adolescentes. Por tanto, se edita y publica este libro con la venia de sus herederos y gracias al interés del buen amigo del autor, el doctor Aldo González-Serva hoy convertido en mecenas de sus ideas.

La difusión de los preceptos morales, éticos y de comportamiento que plasma don Eleazar Córdova Bello se hace necesaria en tiempos de despersonalización, desapego y falso individualismo. Como de un padre, recibimos estos *Consejos y Recomendaciones para mis Hijos* sorprendidos de la amplitud de temas que trató el autor. Algunos están desfasados en este siglo XXI de amor libre, internet y redes sociales. Sin embargo bien este libro merece tener una nueva oportunidad de difusión y lectura entre las nuevas generaciones de lectores venezolanos y de ser accesibles para ellos desde cualquier lugar del mundo donde esté un expatriado suspirando por los recuerdos de sus abuelos y padres.

Florángel Quintana
Miami, febrero 2020

A MODO DE PREFACIO
POR SU HIJO QUE LO REVIVE
PARA SER ESCUCHADO OTRA VEZ

Hablo como un venezolano de más de setenta años y, ahora, en el exilio. Sin embargo, me siento como un miembro más de la constelación de seres humanos iberoamericanos para los cuales este texto aplica en su universalidad, aunque se haya inspirado en Venezuela y se haya primero extraído del vivir en las calles de Caracas. Sus enseñanzas son para todos los que lo lean. Sus recompensas son para todos los que emulen, o por lo menos consideren las acciones o pensamientos recomendados como máximas por su autor.

Muchos de nosotros desde la diáspora que nos ha tocado vivir, por las duras circunstancias económicas, políticas y sociales de nuestro país, hemos tratado de rescatar nuestra venezolanidad, nuestra hispanidad. Hoy más que nunca, evocamos todo lo nuestro, todo lo que colorea nuestra idiosincrasia. Y es así que nos reconectamos desde la distancia con nuestra música diversa, con nuestra exquisita gastronomía. Añoramos el relieve extenso de nuestra geografía. Compartimos dichosos nuestras costumbres y tradiciones.

Como un doliente más de nuestro terruño, he querido traer del baúl de mis recuerdos una obra escrita por mi padre, el doctor Eleazar Córdova-Bello.

Fue un historiador venezolano, profesor tanto de nuestra magna casa de estudios, la Universidad Central de Venezuela (UCV) -*La casa que vence las sombras*-, así como de la Universidad Católica Andrés Bello, en la Facultad de Humanidades y Educación y en las Escuelas de Historia, Filosofía y Letras, respectivamente.

Esta obra que comparto con ustedes, estimados lectores, la tituló mi padre *Consejos y Recomendaciones a Mis Hijos*. Realizada en 1970, de ella fueron impresos y encuadernados solo dos ejemplares en una antigua litografía de El Rosal, en Caracas, siendo esas raras copias destinadas a sus únicos destinatarios y herederos: María Isabel Córdova Romero (Pachi), ahora de Stratthaus, y quien esto escribe. Así pues, en este 2020 se cumplirán cincuenta años de su creación, siendo sabios párrafos aún vigentes y que resuenan en este siglo XXI.

Podría preguntarles, ávidos lectores: ¿Y por qué editar este libro tan íntimo, tan familiar, a la luz de estos tiempos digitales, y ahora dirigido al gran público? Les digo sin ambages: Porque es un texto muy oportuno para convocar al rescate de los preceptos morales que tanto necesitamos en esta época de conmoción social, de ruptura familiar y de franco desconocimiento de pautas de vida.

Se trata de una recopilación de valores y principios éticos, espirituales, religiosos y de buenas costumbres, escrita en una prosa precisa, breve y sustanciosa que recrea aquello que mi padre aprendió en su hogar juvenil, como herencia de sus padres, y que dejó como legado en el hogar que formó con su esposa María Josefina Romero Sánchez de Córdova-Bello, Mamá Pita, mi adorada madre, quien fue su norte y guía durante toda su vida.

Lo que este libro recoge fue parte de todo lo que en nuestra mesa de la Quinta El Rosario, en la Urbanización Altamira de Caracas, se hablaba y se discutía, todo bajo la miel de la sabiduría y del amor que nos dispensaron siempre esos padres excepcionales.

A mi padre le tocó vivir en la Venezuela de principios del siglo XX donde el analfabetismo y la dictadura con caudillos y montoneras eran la ley. Sin embargo, él luego conoció a gente de la Generación del 28 y a muchos intelectuales con los que compartió vida en la ilustre UCV. Recuerdo que por nuestra casa en la calle La Línea entre las avenidas Los Jabillos y Las Acacias, en Sabana Grande, desfilaron notables pensadores e historiadores, hombres (y sus sabias mujeres y consejeras) con altos principios cívicos y democráticos, tales como el Dr. Pascual Venegas Filardo, el Dr. Ricardo Archila Farías, el Dr. Pedro Grases, el Profesor Santiago Magariños, y los pintores Tomás Golding y Luis Álvarez de Lugo, entre muchos otros pensadores y creadores venezolanos.

También le tocó a mi padre vivir la Venezuela del *boom* petrolero, la de la creación de la OPEP, la de los inicios de la débil democracia. Desde su tribuna como docente en las aulas universitarias por más de cincuenta años predijo, desde la década de los noventa, lo que ocurriría en Venezuela debido al populismo, a la corrupción, a la ineptitud de los gobernantes, a la ruptura del equilibrio entre los poderes y, sobre toda causa, a la ignorancia.

Las palabras de mi padre y autor, Eleazar Córdova-Bello, son un reconocimiento a las familias, a los millones de familias venezolanas, que supieron criar a sus hijos desde la honestidad, desde el respeto, desde la civilidad, desde el amor patrio.

Este libro cincuentón mas no senil, nunca fue pensado para publicación masiva en su concepción y génesis. Hoy, bajo una plataforma moderna e inclusiva de cualquier lector, ha sido posible gracias a la fuerza que la amistad conlleva. Es gracias a mi amigo entrañable desde mi juventud y gran admirador de mi padre, el doctor Aldo González-Serva, médico dermatopatólogo radicado desde hace décadas en Boston, que esta idea de reeditar las ideas atemporales de "Papá Ele" -como le decíamos a mi padre en el ámbito familiar- es posible. Aldo profesa que su esfuerzo es un sentido homenaje de su parte al maestro y padrino de vida. Gracias a la insistencia, al tesón y al apoyo incondicional de Aldo es que pudo lograrse publicar este libro que hoy pueden disfrutar, estimados lectores.

Agradezco, asimismo, los buenos oficios de una encantadora dama venezolana, la señora Florángel Quintana, a quien tuve la dicha de conocer en Miami. Florángel, con un lenguaje meticuloso, motivador y actualizado, me inspiró a darle espacio en la modernidad a esta obra. Ella se encargó, con su equipo de todos los detalles editoriales para que el libro del doctor Eleazar, de mi padre, pudiera ser publicado y disfrutado por todos los venezolanos en la diáspora o en la tierra madre. También el libro es pertinente a todos aquellos hispanoamericanos o hispanoparlantes que deseen revisitar, revivir y recordar esos parámetros de vida que, de seguro, también vislumbraron en sus casas maternas y paternas y en sus países y que practicaron en mayor o menor modo, con sus propias concepciones morales o espirituales, como parte de sus familias de antaño y de sus familias de hoy.

Por último, pero no menos importante, vayan unas palabras afectuosas a mi queridísima hermana Pachi, quien recibió igual que yo un ejemplar meticulosamente encuadernado de este libro, privado hasta ayer y público desde hoy, como legado. Pachi ha sido un ejemplo en mi vida, a través de los valores y los principios que ella ha sabido transmitir a todos los que han tenido la dicha de conocerla. Mi dilecta hermana me ha acompañado en este camino de remozar el aporte que nos dejó nuestro padre. Ha aportado mucho material actualizado para la realización de esta obra. Dios te bendiga siempre, ¡Mi amada Pachi!

Desde Miami, en enero de 2020
Leopoldo Córdova Romero

BIOGRAFÍA DE ELEAZAR CÓRDOVA-BELLO

POR MARÍA ISABEL CÓRDOVA

Eleazar David Córdova Bello nació en Ciudad Bolívar, en el Estado Bolívar (Venezuela), el 13 de agosto de 1913. Fue hijo de César Norberto Córdova y Nieves Bello Pulido, ambos venezolanos. Eleazar tuvo seis hermanos: Gustavo, Raúl, Fasael, Alicia, Armenia y Argelia.

En su niñez, la familia se trasladó a Caracas, residenciándose en la parroquia La Pastora, entre las esquinas de Truco y Guanábano. Realizó sus estudios de primaria y secundaria en el Colegio Chaves, ubicado entre las esquinas de Carmelitas y Llaguno, en el centro de la ciudad de Caracas. Al terminar en el colegio Chaves su educación media y diversificada, trabajó por varios años en el Banco Venezolano de Crédito, donde desempeñó varios cargos.

Contrajo nupcias con María Josefina Romero Sánchez el 3 de agosto de 1946, en la Iglesia San Rafael de La Florida, en la ciudad de Caracas. De esa unión nacieron sus dos hijos, María Isabel (1947) y Leopoldo José (1949).

En el año 1947, ingresó en la Escuela de Historia de la Facultad de Humanidades y Educación de la Universidad Central de Venezuela (UCV), la cual se inauguró ese año en el edificio San Francisco, hoy llamado Palacio de Las Academias en el centro de Caracas.

Se recibió como Licenciado en Historia de la UCV en el año 1952. Siguió estudios de postgrado en la misma universidad, obteniendo un Doctorado en Historia de América, a mediados de los años 50, en acto celebrado en el Aula Magna de la actual sede de la UCV en Los Chaguaramos.

Siendo yo una niña mi padre me llevó al Instituto de Artes de la Facultad de Humanidades y Educación de la UCV, cuyo director era el profesor Santiago Magariños, quien tuvo el amable gesto de regalarme un antiguo retablo con la representación de uno de los padres de la Iglesia Católica. Es una reliquia que religiosamente conservo y que despertó en mí un marcado interés por el mundo artístico y que llevó a licenciarme en la Escuela de Arte de la UCV en el año 1987, recibiendo el honor de que fuera mi padre quien me impusiera la medalla de grado en el Aula Magna.

Durante su vida profesional mi padre se dedicó a la docencia en diversas facultades y casas de estudio, especialmente en la UCV, la Universidad Católica Andrés Bello y el Instituto Pedagógico de Caracas. Fue director del Departamento de Historia de América y Jefe de la Cátedra de Historia de América: Siglo XVIII e Independencia de la UCV.

Por su distinguida trayectoria en el campo de la educación y las letras, recibió las siguientes condecoraciones: Orden José María Vargas de la UCV, en Primera Clase; Orden Andrés Bello en Primera

Clase, Banda de Honor; Orden 27 de Junio en Segunda Clase; y la Medalla de Plata 'Alberto Smith' del Instituto Pedagógico Nacional

Fue un excelente orador, no solo en los salones de clases donde impartía sus conocimientos de Historia de América a los alumnos, sino también familiarmente, entre sus hijos y sobrinos.

Cuando salíamos de paseo, a Los Teques, Carrizal, Macuto u otro destino, con el carro lleno de hijos y sobrinos y siempre con la presencia de su esposa Pita, nos contaba las versiones más insólitas de numerosos cuentos infantiles donde los protagonistas eran acompañados en arriesgadas aventuras por personajes que tenían los nombres de los oyentes.

En Semana Santa nuestros padres nos llevaban a los monumentos de las principales iglesias del Este de Caracas y, en fin, siempre disfrutábamos todos juntos del acontecimiento de turno, amenizado por sus charlas y oratorias que despertaban gran interés en todos. Cada evento o paseo terminaba siempre con una gran merienda, en donde todos podíamos escoger lo que quisiéramos comer, siguiendo esta tradición con los nietos, años después.

El culto de la buena mesa fue otro de sus baluartes en nuestra educación familiar. Desde muy pequeños, mi hermano y yo, aprendimos las formalidades y comportamientos que había que seguir en la mesa, en todo momento y cuando había en la casa una cena o comida con familiares y amigos. De igual manera se esmeraba en que aprendiéramos el maridaje correcto entre bebidas y comidas. A la hora de los postres, no faltaba el *champagne* y el correspondiente café y *pousse-café*. Disfrutaba inmensamente estos momentos especiales.

Como buen historiador, le gustaba rescatar las festividades y tradiciones de nuestro país, motivo por el cual en la casa se organizaban fiestas de cumpleaños, como la de mis ocho años, cuando celebramos la Cruz de Mayo con el baile del Sebucán. También se organizó el baile del Pájaro Guarandol, al cual todos los niños asistimos con trajes típicos venezolanos. En diciembre en casa se construía el pesebre y era una tradición que todos los primos y los tíos ayudaran en su elaboración, en una oportunidad llegó a ganar un segundo lugar en un concurso de pesebres.

Para el momento de sus *Consejos y Recomendaciones Para Mis Hijos* (1970) mi padre era un autor reconocido en el mundo académico. Su prosa siempre fue clara y la preparación de sus obras conllevaba un enfoque meticuloso a las fuentes, la gran mayoría de ellas recabadas por él mismo en diversos archivos y bibliotecas del mundo.

Entre sus escritos están:

1962. *Aspectos históricos de la Ganadería en el oriente venezolano y Guayana* (Ediciones Historia: Caracas).

1964. *Compañías Holandesas de Navegación: Agentes de la Colonización Neerlandesa* (Escuela de Estudios Hispanoamericanos: Sevilla).

1967. *La Independencia de Haití y su Influencia en Hispanoamérica* (Instituto Panamericano de Geografía e Historia: Caracas).

1975. *Historia de Venezuela: Época Colonial* (Ediciones Edime: Caracas).

1975. *Las Reformas del Despotismo Ilustrado en América* (Siglo XVIII Hispano-Americano) (Universidad Católica "Andrés Bello", Instituto de Investigaciones Históricas: Caracas).

1982. *El Ávila y sus Atuendos* (Publicaciones del Banco Central de Venezuela: Caracas).

1991. *Origen de la Ñ en Español* (Gramática Histórica) (Alarcón Fernández Editor: Caracas, Venezuela).

1993. *Colonización y Revolución: Independencia de los Estados Unidos* (Congreso de la República: Caracas).

1968. *Con Tomás Golding* (*Arte*). Tomas Golding (Pintores Venezolanos; 4) (Edime: Caracas).

Creó una bella familia y todos sus nietos llegaron a conocerlo y recibir su sabiduría. En la intimidad, mi padre Eleazar era llamado "Papá Ele" y de la impresión privada de su libro de consejos, en dos tomos encuadernados artesanalmente en alguna buena tipografía caraqueña de antaño, deriva esta obra que hoy se pone a disposición del mundo.

Mi padre murió en Caracas el 28 de enero de 2006. Este libro que hoy se presenta es el legado intelectual de nos dejó a sus hijos, y que gracias al interés del Dr. Aldo González-Serva se acerca a un lector interesado en explorar las costumbres y las percepciones morales de la Venezuela de mediados del siglo XX.

Cualquier persona, sea joven o madura y tenga la curiosidad por mejorarse o por conocerse a sí misma, encontrará en este libro un modelo de cómo conducirse en la vida de manera respetuosa con los valores morales y éticos del saber vivir.

María Isabel Córdova de Stratthaus
Caracas, 31 de enero de 2020

PRÓLOGO
POR MARÍA TERESA ROMERO

¡Cómo disfrutaba pasar esas tardes en la casa de mis tíos Córdova Romero ubicada en Altamira, a un costado de El Ávila, que desde allí se veía monumental y olía a más tierra húmeda y fresca! Mis tíos me daban paz y armonía, además de sabiduría familiar. Por muchos años llegaba después del colegio a recibir las clases de mi tía Pita en el balcón del segundo piso, frente a los robustos árboles de mango y bajo la algarabía de todos los pajaritos que allí se amontonaban. Sí, me gustaban esas clases que me hacían finalmente entender lo inentendible de las matemáticas y la gramática castellana que explicaba con paciencia y calidez la hermana de mi padre Leopoldo A. Romero.

Sin embargo, debo confesar, que lo que realmente disfrutaba de esos encuentros de al menos dos o tres veces a la semana, eran las cátedras informales que mi enérgico y locuaz tío Eleazar Córdova-Bello, me daba después de las clases formales. No me dejaba ir así no más, me agarraba algunas veces hasta en la puerta de salida, pero de esa casa llena de amor familiar no salía sin impactarme con sus dosis de sabiduría: historia de la familia Romero Sánchez, historia de Venezuela, historia de Caracas, historia de los Estados Unidos y del mundo, historia del cristianismo, de la ética y las buenas costumbres.

Sin una pizca de pedantería, ostentaba la *auctoritas*

que bien se había ganado en todos los caminos que emprendió en su vida: como padre, esposo y miembro de familia; como ser espiritual cristiano, católico y romano; como docente, investigador, intelectual y autor de historia y filosofía; como venezolano republicano, demócrata y humanista. Aunque, como buen libre pensador, no sin dejar de cuestionar, criticar y desafiar el statu quo emocional, familiar, social, político y/o económico del tiempo que le tocó vivir.

Numerosas fueron las veces que me cuestionó a mansalva durante mis veleidades socialistas de mis primeros años universitarios (nos enfrascábamos en enfrentamientos ideológicos interminables pero siempre sujetos a las reglas del respeto y la argumentación); muchas más fueron las veces que lo oí arremeter contra el gobierno de turno, hacia las miopes élites socio-económicas, hacia las instituciones y funcionarios corruptos, hacia el infantil comportamiento social venezolano, aunque siempre constructivamente. Era un hombre sabio y sencillo, de grandes metas idealistas, pero con objetivos prácticos y realistas.

No supe sino hasta aquél aciago día de 2006 que le echaban tierra y flores en su ataúd, cuánto aprendí de él, cuánto crecí con él, cuánto quise y admiré a ese quijotesco caballero venezolano nacido el 13 de agosto de 1913, en Ciudad Bolívar. Me di cuenta especialmente ese día, que nos dejaba en el plano físico quien había sido, junto con mi tía Pita, el amalgama de una familia tan amplia y diversa.

Cuando hace poco descubrí estos magníficos *Consejos y Recomendaciones a mis Hijos*, que tengo el honor y el orgullo de prologar gracias a la generosidad de mis queridísimos primos Leopoldo José y María Isabel Córdova Romero, así como de quien hace posible su publicación, el doctor y amigo el Dr. Aldo Gonzalez-Serva, no hice sino confirmar todo lo que fue "Papá Ele" para mí, para nuestra familia y para nuestra Venezuela y más allá.

Hoy comprendo en toda su dimensión que, además, fue un visionario y por eso tantas veces sufría, se frustraba y hasta se desesperaba con aquellos que no lo entendían y hasta criticaban con dureza, dentro y fuera de su familia. Por cierto, hasta algunos colegas lo llegaron a tildar de "patiquín conservador" porque no le daba vergüenza plantear e insistir en sus ideas en forma algunas veces acalorada, pero siempre con educación, buenas maneras, y un lenguaje refinado; estilos y modales que había hecho suyo y de toda su familia.

Sí, Papá Ele tenía visión de futuro porque sabía, por ejemplo, que sin un núcleo familiar sólido en amor, en valores y principios; que sin un Estado-Nación sin políticos y ciudadanos probos y unidos, el futuro de Venezuela e Hispanoamérica estaría condenado al subdesarrollo mental, político, socio-económico, cultural y espiritual, y a no alcanzar la verdadera independencia. Así lo dejó plasmado en su prolífera obra escrita y en los numerosos podios públicos y privados en los que tuvo oportunidad de ser orador.

La parte de los numerosísimos consejos y recomendaciones que dejó a sus hijos que hoy presentamos (porque quedan muchos más por publicar), también plasman todo lo anteriormente dicho en estas breves líneas, aunque en esencia constituye lo que mi mismo tío denominó como su "ideario familiar". Un ideario que si bien fue escrito en lenguaje y correspondencia a otras épocas- en particular la década de 1970 del siglo pasado- está completamente vigente.

Es más, es un imperativo comprenderlo y seguirlo en la actualidad. Porque vivimos en un mundo más globalizado para el materialismo y el individualismo que en el siglo XX, en una Venezuela más desmembrada y destruida que nunca en su historia; ambos –el mundo y Venezuela- realmente faltos de valores y principios, de amor y unidad, de desarrollo y espiritualidad.

Gracias a mi tíos amados, a mis primos Leo y Alicia, Pachi y Gerardo, y a todas las personas, en especial Aldo y Florángel que han dado luz a estos escritos para bien de todos los que lo leamos.

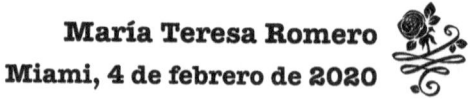

María Teresa Romero
Miami, 4 de febrero de 2020

ÍNDICE

Nota de la Editora	7
A modo de prefacio	11
Biografía de Eleazar Córdova-Bello	17
Prólogo	23
Dedicatoria	31
I - Del culto a la madre	37
II - De los novios	41
III - Del matrimonio	45
IV - Del hogar	55
V - De los hijos	61
VI - De los parientes	71
VII - De los amigos	77
VIII - De los vecinos	79
IX - De los subalternos	81
X - Del caballero	83
XI - De los poderosos	85
XII - De los enemigos	87
XIII - De los soberbios y autosuficientes	89
XIV - De los resentidos	91
XV - De los intrigantes y los chismosos	93
XVI - De los charlatanes	95
XVII - De los obcecados y fanáticos	97
XVIII - De los nuevos ricos	99
XIX - De los aduladores	101
XX - De la mujer y sus derechos	103

XXI - Del odio	113
XXII - Del amor	115
XXIII - De la castidad	119
XXIV - De los celos	127
XXV - De la envidia	129
XXVI - De la dignidad	131
XXVII - De la discreción y la prudencia	133
XXVIII - De la resignación	135
XXIX - De la caridad	137
XXX - Del agradecimiento	141
XXXI - De la tradición	143
XXXII - De la violencia	147
XXXIII - Del culto a la verdad	149
XXXIV - Del amor al trabajo	153
XXXV - De la caución personal y el crédito	155
XXXVI - De la fe y la esperanza	159
XXXVII - Del dolor y el placer	161
XXXVIII - Del alcohol y las drogas	163
XXXIX - De la traición y la perfidia	171
XL - De la superstición	175
XLI - De las pasiones	181
XLII - De la muerte	197
XLIII - De las lisonjas y los vituperios	199
XLIV - De la indecisión y el temor	201
XLV - De la soledad	205

XLVI - De la felicidad	209
XLVII - De la igualdad entre los hombres	217
XLVIII - De la bonhomía	221
XLIX - De los principios y convicciones	225
L - De la evaluación del hombre	227
LI - De la procacidad y el relajo	229
LII - De la gloria y el infortunio	233
LIII - Del talento sin modestia	235
LIV - De la palabra y la escritura, vehículos de la cultura	237
LV - Del ahorro	241
LVI - Del juego	243
LVII - Del patrimonio económico	245
LVIII - De la responsabilidad	247
LIX - Del silencio como protesta	249
LX - De la independencia espiritual	251
LXI - De la experiencia ajena	253
LXII - De la riqueza y la pobreza	257
LXIII - De las necesidades	263
LXIV - De la sabiduría y la ignorancia	265
LXV - Del amor a la ciencia	267
LXVI - De la justicia	271
LXVII - De la mesa	275
LXVIII - De la política y los políticos	283
LXIX - De la publicidad y el exhibicionismo	297
LXX - De las élites y las masas	303
LXX - De la crítica y la murmuración	307

LXXII - De la religión	313
LXXIII - Del amor a la Patria	315
LXXIV - De los ideales	317
LXXV - De los altos cargos	321
LXXVI - De la conciencia ciudadana y la vida institucional	323
LXXVII - De las derechas e izquierdas	329
LXXVIII - De la Historia, "maestra de la vida."	339
LXXIX - De la libertad de pensamiento	345
LXXX - Del despotismo	347
LXXXI - Del orden disciplinario	349
LXXXII - De las relaciones sociales	353
LXXXIII - De las relaciones humanas	361
LXXXIV - Del ejercicio profesional	365
LXXXV - De nuestro tiempo	369
Epílogo	383
Notas del Impresor	391
Glosario	395
Índice temático	399
Anexos	405

DEDICATORIA

En estas páginas, dedicadas a mis hijos Leopoldo José y María Isabel, y a mi futura nuera y a mi futuro yerno, para quienes reservo afecto y aprecio, recojo, con el corazón henchido de inmenso gozo, una serie de **expresiones** portadoras de mi amor de padre.

Todos los padres amamos a nuestros hijos y deseamos para ellos la más hermosa y ancha felicidad. Esos deseos y esos sentimientos los expresa cada uno en conformidad con su temperamento y recursos de que dispone.

Unos lo hacen por órgano de la palabra hablada, delicado don del ser racional; otros con solo hechos elocuentes; y, algunos, por la escritura. Yo, además de hablarles a mis hijos, desde muy temprana edad, en nuestra permanente "mesa redonda", recurro a la escritura, porque para mí este instrumento es parte de un método de trabajo, semejante al de los "cronistas de Indias".

Bien saben mis hijos que el hogar es para mí la razón de ser de mi vida: en el hogar se reúnen mis ideales y mis objetivos. Mi esposa y mis hijos son los más efectivos alicientes de mi existencia.

Fundé mi hogar sobre las bases de un programa hermosísimo, el cual, gracias a Dios y a la participación valiosa de tu mamá, he visto cumplido en plenitud. ¡Satisfecho, muy satisfecho, estoy de mis hijos! ¡Es este el mejor premio que he recibido del Señor!

Todo lo que he escrito en torno a mis hijos persigue la intención de honrar las virtudes y cualidades que aprecio en ellos, dirigida mi evaluación, con rigidez, a extraer un balance de sus virtudes y defectos, que, como seres humanos, han de tener.

Con el mismo metro espero midan y aprecien mis hijos mis actuaciones y conducta.

No niego que me produce mucha felicidad cantar a mi hogar, ensalzar las virtudes de mi esposa, hablar de las excelentes cualidades de mis hijos, resaltar los valores de altruismo y caridad cristiana que hay en todos ellos, en fin, alabar su obra de amor constructivo.

Todas esas **expresiones** de mi amor sincero carecen de valores literarios. Tienen interés intrínseco para los miembros de mi hogar, por ser una producción de carácter íntimo de mi afecto. Y solo a aquellos amigos que se identifiquen integralmente con nuestro **ideario familiar**, podrán darlas a leer.

A muchos a la gran mayoría, les parecerán **cursis** esas **expresiones**. Respetamos sus sentimientos, pero mantengamos firmes nuestras intenciones, y no dobleguemos jamás nuestras convicciones y principios frente a esas críticas.

Las dos primeras partes de esta **compilación** contienen mis **expresiones** afectuosas: mis "cantos al amor", mis "consejos a mis hijos", mis "loas a sus virtudes".

Las dos últimas recogen varios documentos,

reproducidos **in extenso** o **in fragmento**, que se remiten a "mis trabajos y mis días" en el quehacer de la calle. En esas páginas las hay de tono duro y áspero "en defensa y ataque", según las circunstancias que me impone el destino. Deseo que mis hijos conozcan algunas de las actuaciones de su padre en su lucha con los hombres.

En mi archivo privado reposan los duplicados de las piezas reproducidas y otras tantas que omito por no extender demasiado esta **compilación**.

En la primera parte ("Consejos y recomendaciones") trato de mantener uniforme el estilo familiar. En momentos incrusto algunas anécdotas y chistes. Cuando me dirijo a la **segunda persona singular**, se entiende que se relaciona conjunta o indistintamente, según la materia, con Leopoldo o María Isabel. A veces, y **no muy ortodoxamente**, uso el **tú** en vez del **su** para no perder el sabor de intimidad.

Finalmente hago profesión de mi acendrada fe en mis hijos, de quienes estoy muy orgulloso; y a la vez es para mí motivo de orgullo ofrendarles estas páginas, contentivas de mis **expresiones** de amor.

¡Dios bendiga a mis amados hijos!

Caracas : 20 de Octubre de 1.070.

Eleazar Córdova-Bello

ELEAZAR CÓRDOVA-BELLO

CONSEJOS Y RECOMENDACIONES PARA MIS HIJOS

TOMO I

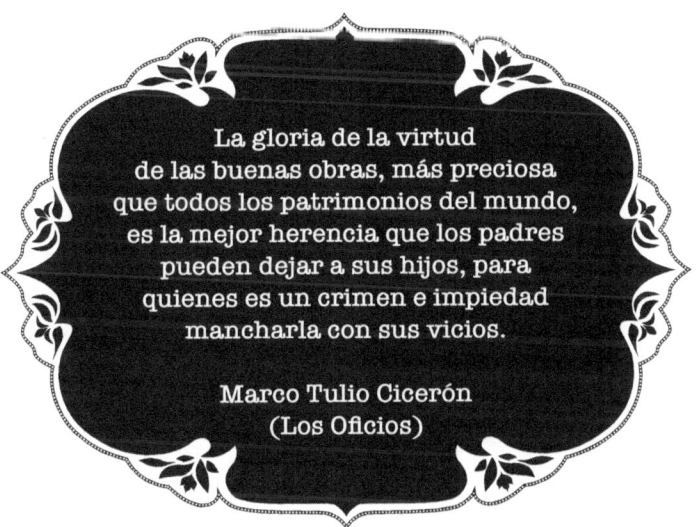

La gloria de la virtud de las buenas obras, más preciosa que todos los patrimonios del mundo, es la mejor herencia que los padres pueden dejar a sus hijos, para quienes es un crimen e impiedad mancharla con sus vicios.

Marco Tulio Cicerón
(Los Oficios)

I
DEL CULTO A LA MADRE

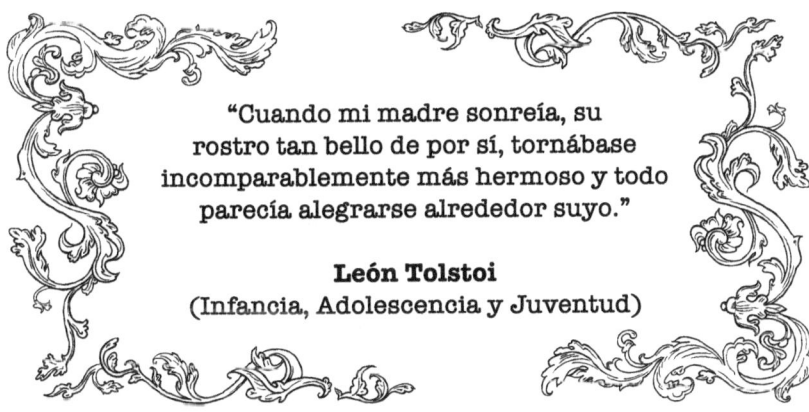

"Cuando mi madre sonreía, su rostro tan bello de por sí, tornábase incomparablemente más hermoso y todo parecía alegrarse alrededor suyo."

León Tolstoi
(Infancia, Adolescencia y Juventud)

1 - La vida es buena y suave y placentera cuando Dios coloca en nuestro camino una madre buena y noble y abnegada, que vela por nuestros pasos, que vela por nuestra propia vida.

2 - La sola existencia de la madre en este valle de abrojos es suficiente para perdonar los pecados del mundo.

3 - La madre es un oasis en el desierto de la indiferencia de los hombres.

4 - La madre es el bálsamo de las penas que se padecen en esta senda del dolor.

5 - La madre es el rayo de luz en las tinieblas de las desenfrenadas pasiones humanas.

6 - El solo amor de la madre es suficiente para alimentar al hijo.

7 - La sola preocupación de la madre basta para guiar al hijo por el sendero del bien.

8 - Una sola caricia de la madre alivia la más incruenta pena del hijo.

9 - ¡Mamá!... he ahí el ser que encierra esencia y substancia de nuestro propio ser; he ahí el vocablo que con su sola enunciación llena nuestro mundo; he ahí el nombre que con sus sonoras sílabas tiempla nuestro espíritu y ensancha nuestro corazón.

10 - ¡Mamá!... es este el más portentoso talismán con que cuenta el hombre para conducir su vida en su breve paso por la Tierra.

11 - ¡Mamá!... verbo impregnado de dulzura infinita; esencia divina que el Cielo coloca en nuestro camino; delicioso maná que alimenta y fortalece nuestro espíritu.

12 - Dichosos somos todos los hijos que tenemos o hemos tenido madres amorosas que saben cumplir con nobleza y abnegación el sagrado ministerio que les ha confiado el Señor.

13 - Dichosos somos todos los hijos que tenemos o hemos tenido madres sabias y preocupadas a quienes acudir para ahogar nuestras penas y nuestros dolores.

14 - Dichosos somos todos los hijos que tenemos o hemos tenido madres a quienes recurrir en solicitud de luz.

15 - ¡Ojalá! el nombre MAMÁ suene siempre, con calor y fe, en los labios de nuestros hijos, y las virtudes de su progenitora impresionen su corazón; y su imagen embargue su alma pura que sean buenos y nobles como lo es ella.

16 - ¡Ojalá! el amor a su madre sea en nuestros hijos una firme devoción; y sus consejos, sabios y oportunos, sean la fuerza que mueva sus pasos por el camino de la hidalguía y sean la antorcha que ilumine su sendero.

17 - ¡Ojalá! que el ejemplo de la vida de su madre sea para mis hijos el molde que modele su propia vida, dentro de las virtudes que le sirven de marco y dentro de las cualidades que adornan su existencia.

18 - Bienaventurados somos los que tenemos o hemos tenido madres que han cuidado de nosotros desde nuestra aparición en el mundo.

19 - Bienaventurados somos todos aquellos que al despertar a la vida hemos recibido en la cuna la salutación del beso confortador de una madre solícita y pía.

20 - Bienaventurados son mis hijos a quienes Dios les ha obsequiado una madre excelsa y bondadosa, que guía sus pasos por el camino del bien y les cuida de la maldad humana y vigila sus sueños y vela por su vida.

21 - Bienaventurados son mis hijos, quienes, desde el amanecer de su vida, han visto brillar en su cielo el hermoso sol de la felicidad, representada en su

madre, mujer de corazón también hermoso, capaz de cobijar con su cariño todo un mundo.

22 - Hijos míos: el nombre MAMÁ debe ser el acorde temático de la sinfonía de tu vida; y debe resonar en tonalidades cada vez más elevadas, hasta el fin de tu existencia. Hagan de ella el centro de tu devoción y el norte de tu ideal.

23 - El hombre que rinde culto de admiración y veneración a su madre aprende a amar a todas las mujeres: a su hermana, a su maestra, a su nodriza, a su madrina, a la que Dios le reserve para compartir su destino, a sus hijas.

24 - ¡Dios bendiga a mis hijos e ilumine su entendimiento para que siempre honren a su madre!

25 - ¡Que Dios, con su bondad infinita, derrame sus bendiciones sobre las madres de todos los rincones de Venezuela, e ilumine su entendimiento para mejor proveer su delicado y difícil ministerio de hacer de sus hijos hombres y mujeres útiles para servir a una patria digna de Cristo Rey, Nuestro Señor!

26 - Y en este canto a la madre, dedico un reverente recuerdo a mi madre y a todas aquellas mamás nobles, santas y abnegadas, que, atendiendo al llamado supremo de la Voluntad del Creador, han abandonado sus nidos y desde el Cielo, junto con la Madre de Dios, vigilan e inspiran a sus hijos. Por ellas elevo mis más sentidas preces.

II
DE LOS NOVIOS

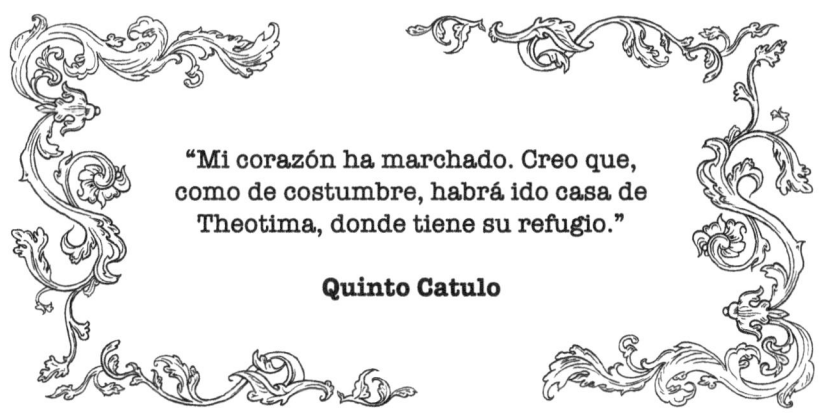

"Mi corazón ha marchado. Creo que, como de costumbre, habrá ido casa de Theotima, donde tiene su refugio."

Quinto Catulo

27 - En las sociedades aluvionales como la nuestra es muy difícil la unidad familiar. Tacto debes aplicar para la escogencia prematrimonial. (Vid. capítulo: **De la igualdad entre los hombres. Del matrimonio**)

28 - Cuando entre los novios o los cónyuges no hay el juego franco de la confianza y la sinceridad, solo a costa del sacrificio de una de las partes se mantendrá una precaria armonía.

28-A - Debe cuidarse la mujer de no ser paciente objeto del despotismo de su novio o cónyuge, pues el primero que la despreciará será el mismo hombre a quien su servilismo ha endiosado.

29 - Solo la mujer carente de personalidad firme o de mentalidad enfermiza es la que conviene **en nacer** a la vida en el momento que conoce al novio o cuando se casa.

30 - No hay que confundir jamás la lógica tolerancia y el propósito de halagar al novio o al esposo con el servilismo y la sumisión que lesiona la dignidad personal.

31 - Es un error de **lesa lógica** en que incurre el novio de una niña al pretender imponer sus caprichos en el hogar de esta y más grave es la aceptación por parte de la joven de esa pretensión.

32 - La dama con quien llegares a compartir tu destino será tu compañera de gloria e infortunio, tu esposa, la madre de tus hijos y debes amarla con devoción por toda la vida; y venerar su memoria si Dios dispone que le sobrevivas. Igual recomendación doy a mi hija para con su esposo.

33 - La novia o el novio es la culminación de un ideal estructurado sobre un esquema previo de exigencias mínimas, entre las cuales deben contarse la cultura, la educación y los sentimientos, que deben concordar estrechamente con los nuestros.

34 - Ni el hombre ni la mujer deben emprender la aventura de enlazarse con elementos desiguales a ellos en aquellos aspectos básicos, porque corren el riesgo de sacrificar los suyos propios o de vivir a su lado una vida desgraciada.

35 - El noviazgo es la antesala del matrimonio y debe ser utilizado para compulsar cultura, educación y sentimientos.

36 - Los novios deben apreciar sus mutuas reacciones frente a ellos mismos, sus parientes cercanos, amigos de estimación en los diferentes momentos del quehacer familiar, así como también las respectivas aficiones e ideales de cada uno. Es muy peligroso tratar de forzar uno al otro. La espontaneidad y sinceridad deben jugar ampliamente en esas relaciones.

37 - Triste, muy triste es la posición de la mujer o el hombre que aspira a convertirse en **domadores de fieras** o en **enderezadores de entuertos**.

38 - Lo recomendable, para el mejor logro de un entendimiento feliz que conduzca al matrimonio, **noble empresa de toda la vida**, es seleccionar de novio o novia a un hombre o una mujer normal en toda la amplitud del vocablo y del quehacer **cotidiano**, franco y sincero de ese hombre y de esa mujer. Deben los novios despojarse de toda hipocresía y convencionalismos bastardos. Los novios deben caminar despacio en la penetración mutua de sus almas. Quemar las etapas lógicas del proceso del noviazgo, conduce, con el tiempo, a su ruina. La impetuosidad nunca da bases sólidas, la paciencia se edifica con fortaleza.

III
EL MATRIMONIO

"El matrimonio es la comunidad de vida, protegida por la ley, que por mutuo acuerdo y a perpetuidad, establecen entre si un hombre y una mujer."

(Concepto Jurídico)

"El matrimonio canónico es fundamentalmente un sacramento... El sacramento del matrimonio es una imagen de la unión de Cristo y la Iglesia; por ello el vínculo conyugal es tan indisoluble como aquella unión."
(Derecho Canónico)

San Pablo:
Epístola a los Efesios: **Santidad del matrimonio:**

"Las casadas están sujetas a sus maridos, como al Señor, por cuanto el hombre es cabeza de la mujer, así como Cristo es cabeza de la Iglesia, que es su cuerpo **místico**, del cual él mismo es Salvador. De donde así como la Iglesia está sujeta a Cristo, así las mujeres lo han de estar a sus maridos en todo. Vosotros, maridos, amad a vuestras mujeres, así como Cristo amó a mi Iglesia, y se sacrificó por ella.
... Así también los maridos deben amar a sus mujeres como a sus propios cuerpos. Quien ama a su mujer, a sí mismo se ama. Ciertamente que nadie aborreció jamás a su propia carne; antes bien la sustenta y cuida, así como también Cristo a la Iglesia. Porque nosotros que la componemos somos miembros de su cuerpo, formados de su carne y de sus huesos.
... Sacramento es éste grande, mas yo hablo con respecto a Cristo y a la Iglesia.
Cada uno, pues, de vosotros ame a su mujer como a sí mismo; y la mujer reverencie a su marido."

(Sagrada Biblia)

39 - La alianza conyugal debe ser eterna.

40 - Paciencia, tolerancia, comprensión y cooperación son los pilares de la felicidad conyugal.

41 - Es sublime el amor bien fundamentado, que crece y se fortifica a medida que envejecen los cónyuges.

42 - El matrimonio es el paso más transcendental en la vida del hombre y la mujer.

43 - Condición indispensable para contraer matrimonio es tener vocación para ejercer ese elevado ministerio.

44 - El matrimonio debe realizarse sobre la base de un ideal, un programa y el propósito de hacerse felices los cónyuges y cuidar de los hijos.

45 - El que no posea firme vocación matrimonial, no debe casarse, pues hará desgraciada a la otra parte.

46 - La verdadera felicidad del matrimonio consiste en la comprensión mutua y comunión de ideales. Si estos arbotantes de la estructura conyugal no funcionan en franco juego, se derrumba la felicidad.

47 - Es gravísimo error de los cónyuges tratar de imponerse el uno sobre el otro. Es falsa la armonía y negativa la felicidad.

48 - El matrimonio es una sociedad que para ser perfecta debe contar con la concurrencia de dos voluntades

que se respeten mutuamente sus derechos y reconozcan sus obligaciones.

49 - La mujer no debe aceptar ser esclava del esposo. El sacrificio, a que hubiere lugar, hay que repartirlo por igual.

50 - El hombre civilizado y culto reconoce que la mujer con quien se une en matrimonio no nace a la vida en ese momento. Ese ente vio la luz en su hogar paterno y ha conformado su vida dentro de determinados cánones de filosofía, de cultura, de educación y de religión que modelan su personalidad, que debe respetársele.

51 - El matrimonio perfecto es el que se erige entre individuos de igual educación, cultura y sentimientos. De no reunirse estas básicas condiciones, no habrá unidad y por ende no se logrará la felicidad. En casos contrarios, es segura una víctima.

52 - La mujer refinada y culta debe rechazar al **hombre ogro**, de silvestre circulación en estos medios subdesarrollados. Ese ente masculino, tocado de un mal entendido y falso complejo de superioridad - en realidad de supina inferioridad - con desmesurada pedantería. Mantiene como lema: **DÉJEME PENSAR POR USTED.**

53 - Solo la mujer de la voluntad abolida y de alma de esclava, puede unirse en matrimonio y tolerar al

hombre déspota y ordinario.

54 - La sinceridad y la confianza abren las puertas a la armonía en el matrimonio. Esos dos valores arman la más sólida muralla contra las intrigas y cizañas.

55 - La primera obligación de los cónyuges es la de guardarse fidelidad y lealtad.

56 - Es el diálogo y no la imposición el módulo dialéctico que debe prevalecer entre los cónyuges para preservar la armonía.

57 - El matrimonio, además de felicidad, encierra sacrificios.

58 - Los cónyuges deben honrarse y defenderse mutuamente de los extraños.

59 - En el matrimonio unido por el amor, la comprensión y la confianza, no prospera la cizaña.

60 - La más perfecta sociedad humana es el matrimonio cuando se fundamenta sobre bases de igualdad en sentimientos, cultura, educación, lealtad y comprensión.

61 - Al matrimonio debe irse por voluntad propia. Es fatal contraer nupcias bajo presiones o cálculos de cualesquiera linajes.

62 - La más delicada misión de los cónyuges es la de

educar a sus hijos, lo cual debe desarrollarse sobre una planificación bien concebida, con la anuencia de ambos.

63 - En las discrepancias de criterios que puedan surgir entre los cónyuges, la mesura y el análisis cartesiano abren las puertas al entendimiento y la solución feliz.

64 - En un matrimonio bien fundamentado las discrepancias no pasarán de ser formalidades y nunca de fondo.

65 - Deben cuidarse los cónyuges de no hacer una tragedia de las menudencias que se suceden en el quehacer rutinario de la vida matrimonial. No hay que ahogarse en un vaso de agua.

66 - Las posiciones olímpicas frente al cónyuge, que, por lo regular, son impulsadas por sensibles malos entendidos, deben evitarse para ahorrarnos momentos desgarradores de remordimiento y arrepentimiento.

67 - La vida es breve y deben los cónyuges disfrutarla en el mayor margen de la felicidad, que ellos mismos están en capacidad de proporcionarse.

68 - El matrimonio debe instalarse independientemente para que mejor gocen sus miembros de la soberanía; y con libertad perfilen y modelen su nuevo hogar.

69 - No es lo más conveniente vivir - por lo menos por prolongado lapso - en el hogar paterno de cualquiera

de los cónyuges, pues es muy fácil que rocen las dos soberanías, aun en el caso especialísimo de existir la más refinada y elevada concepción de las relaciones humanas, ya que se interponen, involuntariamente, una serie de factores, también humanos, que han tomado personalidad propia en los respectivos hogares, que los noveles esposos tal vez desean modificar.

70 - Un ejemplo ilustrativo de esta situación: personalmente rompí algunas modalidades del orden disciplinario y otros renglones muy arraigados en mi hogar paterno y sustentados por mis padres con muy nobles propósitos. Así, revaloricé la participación activa de mis dos hijos en el quehacer familiar, incorporándoles, desde muy temprano, con voz y voto, a la "mesa redonda" de nuestro "consejo de familia". Disminuí al *mínimum* la exagerada carga que, aunque impulsada y sostenida por el más acendrado amor a través de más de sesenta años de feliz vida conyugal, pesó sobre mi madre, en lo que atañía a la atención que dispensaba a mi padre, tarea esta que absorbió su vida, la convirtió en esclava voluntaria del cariño e hizo de mi padre un **hombre inútil**, que hasta las yuntas de la camisa tenía que arreglárselas ella.

71 - Convencido de que en la sociedad matrimonial es la mujer la que pierde, por recaer sobre ella la parte más pesada, difícil y delicada que encierra la dirección interna del hogar, me pronuncio por rendirle la mayor consideración, en todos los

sentidos, y ocupar el esposo el papel de verdadero colaborador suyo, y no el usufructuario, a la antigua, de la cuota deliciosa y nada más.

72 - El esposo es para la esposa "su primer hijo", con la tremenda desventaja de que este viene a su lado ya criado, formado, estructurado, con un cúmulo de defectos (y también buenas cualidades) que aquella va a "remodelar". ¡Pido a Dios ilumine a mi hija María Isabel y a mi futura nuera, esposa de mi hijo Leopoldo, para que esta delicada misión les sea leve en la más ancha expresión!

73 - Después de practicar una objetiva evaluación del matrimonio, en todos sus contornos y detalles, con sinceridad, he arribado a la conclusión de que es el hombre el gananciosa.

74 - En mi vida matrimonial he tratado de ser la menor carga posible para mi esposa; y, declaro, que no lo he logrado en plenitud. La dirección de la casa es más dura que toda mi actividad en la calle. ¡Solo la abnegación y la mística soportan tan delicada misión!

75 - La mayor demostración de amor que el esposo y los hijos deben rendir a su esposa y a su madre consiste en ser considerados y comprensivos en el hogar.

76 - Cualesquiera sean los designios del destino, amarás a tu cónyuge y le serás fiel y le honrarás, inquebrantablemente, en todos los momentos de su

vida, en la gloria y en el infortunio, en la opulencia y en la indigencia.

77 - Admira y fomenta en tu cónyuge su devoción por sus padres. Ese sublime amor filial garantiza su amor por ti y por tus hijos.

78 - El esposo perfecto debe vivir pendiente de su esposa para atenderle, para agradarle, para cortejarla... Ser, en fin, el eterno novio... Mis hijos tienen en su haber familiar el ejemplo de sus abuelitos Córdova-Bello y Romero-Sánchez, parejas que vivieron y murieron enamoradas.

79 - Por su parte, la esposa perfecta, debe de tratar de halagar a su esposo aún en los más insignificantes detalles. Debe mantener vivo al fuego sublime y vivificador del amor.

80 - ¡Cuán grato es verse cumplimentado por el ser querido, cualquiera sea el objeto que nos ofrende: un puñado de flores, un delicioso postre, una alhaja, un buen plato de su confección!

81 - Es reprobable que los novios y esposos se descarguen entre sí los sinsabores que produce el trabajo y las duras tareas domésticas. Todos estos desagrados deben quedar relegados a sus justas áreas en que se producen. Solo con el fin de buscarles solución, deben tratarlos los cónyuges.

82 - Es reprobable también la conducta de algunos novios

y esposos de "cobrar" a su novia o a su esposa las inconsecuencias, indiscreciones, intemperancias, reacciones inapropiadas, de sus padres, hermanos, etc., que por lo regular son hijas de una precaria educación o menguado caudal de **relaciones humanas**.

83 - En conexión con **el aparte** anterior, recomiendo a mis hijos tener paciencia con el suegro gruñón, tolerancia con la cuñadita frívola, condescendencia con el cuñadito díscolo... todo este sacrificio, si podemos calificarlo de tal, en honor del ser amado, quien lo merece por mil títulos. En el andar del tiempo se modifican muchas posiciones y un mejor entendimiento se vislumbra feliz.

83-A- **RECOMENDACIÓN ESPECIALÍSIMA**: Jamás incurran mis hijos en el **garrafal error** de convertirse en "franciscanos", "enderezadores de entuertos", "reformadores", "domadores de potros salvajes", "rescatadores de balas perdidas", y casarse con personas "torcidas" en sus sentimientos, moral, etc. Ejemplos: mujeres y hombres viciosos, aficionados al licor, drogas; mundanos, desfachatados, inmorales, "libres pensadores", etc., bajo el señuelo de **falso arrepentimiento**, o **caridad malentendida**, o para **endulzar penas**, etc. Quien este paso da, espere las consecuencias. ¡Su vida será un martirio! Solo los iguales a esos individuos podrán compaginar con ellos.

IV
DEL HOGAR

"Familia es el conjunto de personas unidas entre sí por vínculos lógicos de matrimonio o de parentesco o de adopción. El asiento físico de esta comunidad, en su expresión mínima de padres e hijos, **es el hogar.**"

(Concepto Jurídico)

"Se ha de adornar con la casa la dignidad de la persona, no se ha de buscar en la casa toda la dignidad; ni el dueño ha de ser honrado por la casa, antes a ella ha de honrar su dueño."

Cicerón
(Oficios)

"Y tu esposa en el medio de tu hogar será como viña fecunda. Como brotes de olivo reunirás los hijos en torno a tu mesa."

San Lucas

84 - Tu hogar es un santuario de amor y comprensión. No permitas que en él se siembre la cizaña.

85 - Vivir un culto interno consagrado al hogar llena más que el culto externo dirigido a satisfacer vanidades y oír pasajeras lisonjas.

86 - Si me preguntas cuál es la mejor forma de vida en Venezuela, te respondo: vivir intensamente en el hogar y ser lo más anónimo posible en la calle.

87 - Si llegares a ocupar relevantes posiciones en la vida pública o profesional, no confundas tu hogar con la calle. Solo el demagogo arribista saca provecho a esta

práctica rastrera.

88 - Cada hogar, como los estados, goza de soberanía interna. Así como respetamos las leyes de la nación donde vivimos, las personas deben respetar las normas del hogar que les da hospitalidad.

89 - Nadie debe pretender imponer líneas de conducta en el hogar ajeno.

90 - No permitas que en tu hogar se humilla a nadie. Tu hogar es un santuario de paz y todos los que a él concurran, tienen que respetar las normas por ti establecidas.

91 - El que no observe la lógica compostura en tu hogar, no es digno de tener acceso a él.

92 - Las desavenencias, disparidades de criterios y discrepancias que se manifiesten entre los miembros del hogar, deben resolverse en el seno de este, sin intervención de extraños.

93 - Es reprobable la conducta de ciertos padres e hijos que no reparan en medimientos* para despotricar de su cónyuge y de sus hijos y dar así satisfacción a los enemigos y a los chismosos.

94 - Es muy saludable establecer en el hogar el consejo de familia con la participación de los hijos. Mis hijos

---

De ahora en adelante, un asterisco refiere esta palabra al glosario. Se han dejado incólumes los usos heterodoxos de algunas palabras por el autor del glosario.

recordarán toda su vida nuestra simpática "mesa redonda" en que ellos han sido parte muy importante desde la edad de cinco años.

95 - El hogar paterno está abierto, en todos los momentos de la vida, para sus hijos. Es nuestro refugio inmediato.

96 - La presencia de los padres mantiene vivo el calor del hogar. Y cuando ellos desaparecen, continúan viviendo en nosotros por su recuerdo grato.

97 - ¡Veneremos en vida y en la muerte a nuestros padres!

98 - Para suavizar las durezas de la parte doméstica del hogar, en que la esposa hoy interviene directamente, por la escasa y deficiente asistencia de servidores, es conveniente dotar la casa de objetos y artefactos mecánicos que ayudan a simplificar esa tarea.

99 - Procura mantener en tu hogar, permanentemente, un clima de alegría, de optimismo, de fe en Dios, que ensancha el horizonte de la vida y despeja el camino al éxito y al logro de nuestras aspiraciones y anhelos.

100 - ¡Hogar, dulce hogar que padres e hijos debemos hacer siempre dulce! ¡Felices somos todos aquellos que evocamos con regocijo y amor nuestro hogar paterno! Debemos rendir reverencia a las damas del hogar, madre e hijas.

100-A: Preocúpate por dar a tu hogar sede propia. Es esta tradición de familia.

ANIVERSARIOS DE BODA

AÑOS	MOTIVO
1º	PAPEL
5º	CRISTAL
10º	SEDA
12º	AMATISTA
15º	MADERA
20º	BRILLANTE (O PERLA)
25º	PLATA
30º	RUBÍ
35º	TOPACIO
40º	ZAFIRO
45º	ESMERALDA
50º	ORO
60º	ÓPALO
65º	ÁGATA
75º	DIAMANTE

LOS MESES Y LAS PIEDRAS PRECIOSAS

Enero :	Zafiro - Amatista
Febrero :	Crisolita - Turmelina
Marzo :	Diamante - Amatista
Abril :	Esmeralda - Ágata
Mayo	Agua marina - Berilo
Junio	Ónix negro - Granate
Julio :	Rubí - Sardónica
Agosto :	Jacinto Jaspe sanguíneo
Septiembre:	Ópalo de fuego - Brillante
Octubre :	Topacio -
Noviembre:	Turquesa - Carbunclo
Diciembre:	Piedra luna - Ónix blanco

OTRA CLASIFICACIÓN DE ANIVERSARIOS DE BODA OBSERVADA POR TUS ABUELITOS CÓRDOVA-BELLO

1º	Papel
2º	Algodón
3º	Zinc
4º	Cobre
5º	Madera
6º	Estaño
7º	Mercurio
8º	Latón
9º	Aluminio
10º	Marfil
12º	Seda
15º	Cristal
20º	Porcelana
25º	Plata
30º	Perla
35º	Coral
40º	Rubí
45º	Zafiro
50º	Oro
55º	Esmeralda
60º	Platino
75º	Diamante

V
DE LOS HIJOS

"Hijos, vosotros obedeced a vuestros padres **con la mira puesta** en el Señor, porque es esta una cosa justa.
Honrad a tu padre y a tu madre que es el primer mandamiento **que va acompañado** con recompensa, para que te vaya bien, y tengas larga vida sobre la tierra.
Y vosotros, padres, no irritéis **con excesivo rigor** a vuestros hijos; mas educadles corrigiéndoles e instruyéndoles según la **doctrina** del Señor."

San Pablo:
Epístola a los Efesios: **Deberes de los Hijos y de los Padres** (Sagrada Biblia)

101 - ¡Cuán puro es el lenguaje balbuciente de los niños, que brota de sus corazoncitos, tiernos y limpios, que solo Dios entiende!

102 - Un hijo para el hogar es la primavera que irrumpe en luz y en vida.

103 - Un hijo es la bendición del cielo sobre los padres.

104 - Un hijo es una estrella más que se suma a la constelación del hogar.

105 - Un hijo es el hechizo de la belleza del amor.

106 - ¡Bienaventurados los padres que sabemos apreciar la riqueza que encierra un hijo!

107 - Desgraciados los hombres y las mujeres que no acogen en sus corazones el tesoro de dicha que por medio de los hijos nos proporciona el Supremo Hacedor. Estos padres desoyen el llamado de Cristo: "Dejad que los niños vengan a mí."

108 - ¡Bienaventurados los hijos de padres que saben amarles!

109 - Si el primogénito es portador de felicidad, los hijos que le siguen duplican, triplican... esa dicha.

110 - Un hijo - varón o mujer - constituye la esencia de la dicha, la luz de la esperanza, la confirmación de la fe, la razón filosófica del amor, la comprobación de la vida, la conexión entre el presente y el devenir.

111 - Cada hijo es para el hogar una nueva Bendición del Cielo.

112- La mayor satisfacción de mi vida es ver a mis hijos venerar a su progenitora y rendirle tributo de cariño y merecida admiración.

112-A - He tratado de transmitir a mis hijos el caudal de amor que adquirí en mi hogar. Soy un hombre satisfecho de la vida. Provengo de un hogar en que el amor cristiano fue su base de sustentación. Carezco de frustraciones y complejos sentimentales y sociales. No padezco amarguras entorpecedoras del espíritu. Soy un adulto que, por la gracia de Dios, he sabido estar cerca, muy cerca de los jóvenes.

He tenido el don de comprender sus inquietudes. Idéntico caso ofrece tu mamá.

113 - La armonía de los padres en todos los actos de la vida hogareña, garantiza la felicidad de los hijos.

114 - Desgraciados son los hijos de padres desavenidos o que viven en choques constantes.

115 - Con tus hijos sé buen padre en toda la extensión del vocablo.

116 - En la educación de tus hijos cuida que no se toquen los excesos en ninguno de los planos de la vida.

117 - Enseña a tus hijos a saber apreciar, medir, pesar y tasar con justeza los diferentes momentos de la vida, y formarás hombres y mujeres, y no **homúnculos** y **gafas**.

118 - Procura afinar en tus hijos, desde temprana edad, la mesura y la sindéresis, que apuntalarán su personalidad.

119 - Cuando seas padre o madre esfuérzate porque tus hijos encuentren en ti su **primer verdadero amigo**.

120 - A tu madre y a mí nos cabe la satisfacción de ser los decanos de los amigos de nuestros hijos.

121 - Los preceptos formativos de la vida del individuo se siembran con firmeza desde la primera edad.

122 - Recomiendo a mis hijos como didáctica más adecuada para educar a sus hijos, ganarse su confianza desde muy pequeños. Las continuas conversaciones y la valorización gradual de su personalidad, por parte de los padres, rinde excelentes resultados.

123 - Nada hay más grato al hombre y a la mujer que cifrar en los hijos el ideal de su vida, verles crecer con su mundo de inquietudes, de alegrías, de proyectos.

124 - Reprende a tus hijos en privado y alábales en público.

125 - Corrobora con el ejemplo los consejos que des a tus hijos.

126 - Cuando los padres actúan mal, los hijos aprenden mal.

127 - Por múltiples razones recomiendo los institutos de religiosos para la educación de tus hijos.

128 - Es deber de los padres vigilar a sus hijos en los colegios y defenderles de las humanas inconsecuencias, que a veces rayan en mezquindades, de algunos educadores de espíritu ruin.

129 - La unión y la cordialidad entre padres e hijos y

entre hermanos, es el más firme baluarte de defensa contra los ataques de los gratuitos maledicentes, chismosos, envidiosos, intrigantes.

130 - Espero que en la gloria y en el infortunio siempre estén unidos mis hijos.

131 - Oye con paciencia las quejas que te den de tus hijos; mídelas con equidad y compúlsalas con el conocimiento pleno que tienes de tus hijos, y deducirás con facilidad si hay o no falsedad en esas quejas.

132 - No te pronuncies nunca ante los acusadores de tus hijos sin antes oír a estos.

133 - Defiende a tus hijos en todos los momentos. "**A los tuyos con razón o sin ella**", reza la vieja y sabia paremia castellana.

134 - No contribuyas jamás a alimentar la malquerencia de otras personas, así sean familiares, hacia tus hijos.

135 - Los hijos deben proceder en todo momento con altura y educación, basada ésta en los preceptos morales recibidos en su hogar, para mejor proveer la defensa que de ellos hagan sus padres.

136 - Nada hay más satisfactorio para un padre que poder decir, con entereza y propiedad de convicción, cuando alguien ataque a su hijo: ¡mientes, mi hijo es

incapaz de hacer eso!

137 - Ni aún en las más insignificantes manifestaciones, a veces disfrazadas en frases festivas o jocosas, deben los padres aceptar alusiones deprimentes o despectivas de sus hijos. Igual recomendación formulo a los hermanos entre sí.

138 - Ni aún en la tónica de juego debe un hermano proyectarse en contra de su hermano o hacer causa común, en igual sentido, con intrigantes y enemigos. La discreción es defensa.

139 - Deben los hermanos evitar disensiones entre sí. Con ello solo dan satisfacción a quienes mal les quieren.

140 - Los hermanos deben estimarse mutuamente y tener fe uno en el otro; y cuidar a sus hermanas.

141- Jamás quebranten mis hijos su afecto y unión por conflictos familiares y mucho menos cuando puedan cruzarse intereses materiales: dinero, etc.

142 - Con los cónyuges respectivos mantengan mis hijos las más elevadas relaciones humanas y de afecto. La esposa de Leopoldo será para María Isabel una verdadera hermana y el esposo de María Isabel un verdadero hermano para Leopoldo. Esta comunidad de afectos deben extenderla a las respectivas proles.

143 - Los hijos deben reverenciar y respetar a sus padres en la vida y en la muerte. Al desaparecer deben rendirles homenaje a su memoria. Encomendar su

alma a Dios en sus diarias oraciones. Visitar su última morada en el camposanto y ofrendarles flores. Dedicarles sufragios periódicamente y asistir a esos oficios religiosos. Estas sagradas prácticas surten el duple* efecto de honrar la memoria de sus mayores y honrarse los hijos a sí mismos. Es la tradición de nuestras familias.

144 - ¡Felices somos los padres que tenemos confianza y fe en nuestros hijos muy amados!

145 - ¡Cuán felices son los hijos que tienen confianza y fe en sus padres!

146 - ¡Dichosos los hijos que tienen en sus padres verdaderos amigos!

147 - Tengan presente mis hijos que con nuestros corazones abiertos esperamos tu mamá y yo a la nueva hija y al nuevo hijo que nos proporcionarán ustedes dos en su debida oportunidad. Confiados estamos de que en conformidad con nuestras constantes conversaciones y programaciones de nuestra "mesa redonda", sabrán ustedes elegir sus futuros cónyuges, para gloria de la familia y satisfacción personal de cada uno de nosotros.

148 - Igual pronunciamiento formulamos tu progenitora y yo en torno a nuestros futuros nietecitos, quienes tienen asegurado un preciado lugar en nuestros corazones. ¡Dios nos conceda vida para deleitarnos en ese inmenso mar de dicha! ¡Amén!

149 - Los nietos, prolongación de los hijos, nos rejuvenecerán y nos harán revivir gratas etapas pasadas de nuestra vida, en que fueron ustedes, amados hijos, los actores principales.

150 - ... y veremos repetirse en nuestro sendero de paz y de amor: **la primera palabra del nieto Leopoldo... el peculiar lenguaje de la nietecita María Isabel...**, y tantos otros pasos gratos y memorables de nuestra cosecha de afectos, que aguardamos se enriquezca cada vez más y más...

151 - Y espero incorporar a mis nietos al pleno de la "simpática mesa redonda" hogareña, con voz y voto calificado, y oír sus pareceres en torno a las piñatas de cumpleaños, y a los paseos campestres, y llevarles a **descubrir** "las misteriosas ruinas de Covadonga", y con ellos ascender al Pan de Azúcar, y desde su cúspide aspirar el aire puro, y lanzar en coro, **a pulmón abierto**, un jubiloso ¡hurra! a la vida, y loas a la Virgen en gracias por la felicidad que me obsequia.

152 - A esos nietos, genuina reproducción plástica de mis amados hijos y sus consortes, les llevaré, en peregrinar, a visitar los sitios históricos para explicarles la riqueza de nuestro pasado heroico, del cual se deriva nuestra nacionalidad, patrimonio glorioso que deben conservar y defender con orgullo.

153 - Con mis nietos, por anticipado, muy amados, me sentaré en torno a nuestra mesa y disfrutaremos de las delicadas creaciones artísticas que en esta

materia nos ofrece la mamá-abuela María Josefina, y oiré sus opiniones sobre los manjares de su exquisita confección que más estimularen su paladar.

154 - Y con mis nietos, **glorioso dividendo** de mi siembra de amor inicial da la vespertina galante de un venturoso *siete de mayo* y confirmada la tarde de un no menos feliz *tres de agosto*, en mi alianza con la adorable mamá-abuela María Josefina, recorreré de nuevo puntos de mi itinerario de amor.

155 - Mis nietos me proporcionarán nuevos "sublimes amaneceres", ellos me darán nuevas flores para mi jardín, ellos renovarán mi fe, ellos sumarán sus voces al coro de amor de mi grato hogar, que se enriquecerá con arpegios más ricos en notas armónicas. De sus labios oiré el tierno nombre de "Papá Viejo" ¡qué hará vibrar mis sentimientos de abuelo!

156 - ¡Oh! deseados nietos, réplicas de mis amados hijos, los espero con el corazón abierto para que renueven mis sueños y me hagan soñar despierto, y me inspiren a tejer un mundo de nuevas ilusiones y nuevas aspiraciones, que pido a Dios me conceda el privilegio especialísimo de verlas realizadas, como se han cumplido las que cifré en mis hijos.

157 - ¡Es este el anticipo de mi primer programa a realizar con mis nietos, si Dios lo dispone así! Y estos abuelos **potenciales** - mamá Pita y yo - aspiramos a sentirnos tan orgullosos de nuestros futuros nietos,

como lo estamos hoy de nuestros hijos.

VI
DE LOS PARIENTES

"Son parientes respecto de una persona, cada uno de los ascendientes, descendientes y colaterales de una familia por consanguinidad o afinidad."

(Definición Jurídica)

158 - Para la selección prematrimonial (novio o novia), debes apreciar también las condiciones morales, culturales y de educación de sus parientes más próximos: padres y hermanos, con quienes forzosamente tendrás que convivir.

159 - No te empeñes nunca en cortar el afecto que liga a tu cónyuge y sus parientes más cercanos. Por consideración a tu cónyuge debes tolerarles con inteligencia y paciencia.

160 - La consideración que debes a tu cónyuge te obliga a ser tolerante con sus parientes poco gratos. En igual sentido debes ser correspondido.

161 - Cuídate de no herir a los parientes de tu cónyuge, porque esa herida la sufrirá también él.

162 - No abuses del afecto y cortesía de tus parientes y amigos. Procura en lo posible no ser carga para ellos en ningún sentido.

163 - Te recomiendo ser benevolente y paciente con aquellos parientes a quienes se les debe cariño, pero son criaturas tocadas de una hipersensibilidad y susceptibilidad elevada al máximo y manifiestan excesivo celo y recelo por nuestro afecto. Esos seres son los más crueles torturadores de sí mismos y de los demás.

164 - Es infame cobrar a tu novia o cónyuge los defectos, inconsecuencias y malquerencias de sus parientes. Piensa que ella los siente y lamenta primero que tú.

165 - Recomiendo a mis hijos que aspiren a ser en los hogares de sus futuros cónyuges **un nuevo hijo y una nueva hija, un nuevo hermano y una nueva hermana.**

166 - Bien conocen mis hijos cómo tu mamá y yo logramos esta feliz coyuntura en nuestros respectivos hogares paternos. Esto se alcanza cuando la selección se practica en nivel de igualdad de cultura, educación y sentimientos.

167 - Bien conocen mis hijos cómo apreciaron y amaron sus abuelitos César y Nieves a su mamá María Josefina. E, igualmente supieron de la estimación que me dispensó el abuelito Leopoldo. A la abuelita María, mi suegra, la quise como a una segunda madre.

168 - Nada hay más agradable que las buenas y cordiales relaciones con los parientes gratos, con quienes

compartimos los momentos de felicidad y de infortunio. Ejemplos de este tipo de convivencia los conocen mis hijos por practicarse en nuestro propio hogar.

169 - Toda esta armonía y entendimiento con los miembros de la nueva familia se obtienen, repito, si hay identidad de cultura, educación y sentimientos. Podrán discrepar los temperamentos, materia esta de otro costal.

170 - Lo más práctico es no convivir con los parientes ingratos.

171 - Como en la sociedad aluvional* es muy difícil la unidad de familia, habrá parientes de quienes discrepemos en muchos aspectos. Si las discrepancias son leves, debemos mantener con ellos finas relaciones diplomáticas; mas, si las diferencias son profundas, que toquen líneas del honor y la honestidad, lo más recomendable es la separación, que con el tiempo se convierta en disolución o anulación de la familiaridad. (Vid. capítulo: **De los principios y convicciones**).

172 - No están obligados mis hijos a cargar con las faltas, debilidades, veleidades, etc., de sus parientes en los diferentes órdenes de la vida.

173 - En la sociedad aluvional es muy precaria la unificación de sentimientos, aún en una misma célula familiar. Ahora bien, el no solidarizarse con cierta

conducta de nuestro pariente, no indica que debamos despotricar en contra suya. Esta última posición no es ética, ni elegante. Nuestro proceder, diferente u opuesto al suyo, es suficiente para marcar nuestra línea.

174 - En el torbellino político que el subdesarrollo marca en nuestra sociedad, todas las familias están expuestas a confrontar situaciones, de grados muy variados en el desagrado, por las actuaciones de alguno o algunos de sus parientes.

175 - Si el canibalismo en la contienda política es reprobable, por sus funestos efectos de destrozo de reputaciones y haciendas, cuando se aplica en el círculo familiar, es abominable, bochornoso; y solo conduce a dar satisfacción al enemigo, al envidioso, al intrigante. ¡Cuídense mis hijos de este corrosivo de la familia!

176 - Entre el ataque y la defensa hay una tercera posición, que mucho honra en estos casos: la mesura y la prudencia; no defendemos lo que en nuestra conciencia no tiene defensa, pero no atacamos a quien nos merece aprecio o estamos ligados a él por algún vínculo fuerte.

177 - Ahora bien, no vacilen mis hijos en defender con decisión y coraje al pariente o al amigo, injustamente atacado, en quien ustedes tienen fe.

178 - Venezuela es un país de **ataque** y **defensa**,

envueltos estos sentimientos en una impresionante voluptuosidad, fluctuante en el tiempo: ¡hoy ensalzan, mañana vituperan! Hay morbosidad en estas sinuosidades. De consiguiente, es menester prepararse para manejarse en este "mollejón".

178-A - Sobre los novios y los cónyuges pesa la gran responsabilidad de proporcionarse y velar por la felicidad mutua.

178-B - Es obligación de cada uno proponerse a cuidar y mantener franca la paz espiritual del otro. Los sinsabores provenientes de los parientes deben enjugarse en el amor que se profesan los novios y los cónyuges.

178-C - Deben tener presente los novios y los esposos que la infelicidad de uno, por causas ajenas a la voluntad del otro, es interpretada por la humanidad como un fracaso de su amor. Esta situación es paralela al fracaso profesional. ¡Cuidado! ¡Mucho cuidado...!

178-D - Las faltas, las inconsecuencias, los errores de los parientes nunca deben ser causa de quebrantos del amor y armonía de los novios y los esposos. Es lógico que sientan y lamenten esas realidades. Pero no deben trascender a otros planos de su vida.

178-E - Debes cuidarte también del pariente egoísta y absorbente, quien pretende hacer de los demás esclavos de sus caprichos.

VII
DE LOS AMIGOS

"La amistad debe preferirse a toda otra cosa, ya que nada hay tan afín con nuestra naturaleza, nada tan beneficioso, tanto en la prosperidad; como en el infortunio."

Cicerón
(De Amicitia)

"¿Puede tener encanto la vida sin la amistad? ¿Y qué amistad es posible entre ingratos?"

Cicerón
(Discursos)

179 - Tus amigos están entre los que posean iguales condiciones que tú en los órdenes de cultura, educación, sentimientos y moral.

180 - Podrás tener numerosos conocidos y relacionados profesionales, pero tus amigos verdaderos siempre serán muy pocos. Esos limitados amigos son los que deben tener acceso a tu hogar.

181 - Con tu hermana, con tu novia, con tu esposa, con tus hijas, trata de cultivar pequeños grupos de amigos **muy cuidadosamente, seleccionados**, iguales a ti en educación, cultura y sentimientos.

182 - Las inconsecuencias de tus amigos confirman que no existió entre ustedes tal amistad.

183 - Debido a lo heterogéneo de la sociedad aluvional, es recomendable seleccionar nuestro cuadro de amistades.

184 - No te conturben las inconsecuencias de tus amigos. Confórtate por haberles conocido de cuerpo entero, porque antes solo conocías de ellos una sola faz.

185 - Preocúpate por acompañar a tu amigo en la desgracia más que en la prosperidad.

186 - El verdadero amigo es el que en el infortunio acude a uno sin ser llamado.

187 - El verdadero amigo es el mejor tesoro. El falso amigo es la peor inversión de nuestros afectos.

188 - No debes incluir en el grupo de tus amigos a aquellos que menudean en derredor tuyo cuando ocupes alguna posición destacada. Esos son los eternos oportunistas, más ostentosos de su oportunismo en las sociedades aluvionales. Y debes atenderles, con **adecuadas relaciones humanas**, en tu oficina y en la calle. Pero no debes darles entrada en tu hogar.

VIII
DE LOS VECINOS

"Cada uno en su casa y
Dios en la casa de todos"

Antiguo Proverbio Castellano

189 - Con tus vecinos trata de mantener las más elevadas relaciones humanas, pero no intimes demasiado, porque la intimidad puede degenerar en abuso de confianza y crear inconvenientes.

190 - A toda costa debes mantener un límite de amistad, aunque sea de mera formalidad, con tu vecino. Si el abuso de confianza de tu vecino incomoda, también incomoda tenerle de enemigo.

191 - Las relaciones entre los vecinos mantenidas con consideración y respeto mutuos, serán beneficiosas para todos, por la cooperación que puedan prestarse.

192 - Cuando a tu hogar se sumen tus hijos, cuida de que estos no fastidien al vecino. Es preferible que sea tu casa el centro de reunión de los vecinitos y tus hijos. Esta táctica ha sido observada, tradicionalmente, y con muy buenos resultados por nuestras familias. Limítales una zona para sus reuniones, a fin de que no te deterioren ciertos ambientes de la casa.

193 - Es reprobable la despreocupación de ciertos padres que permiten que sus hijos permanezcan en la casa ajena durante largas jornadas.

194 - No olvides que por vías de los niños se suscitan conflictos entre vecinos, a veces por pueriles rivalidades. Evita estos desagrados. Extrema el cuidado por las niñas.

IX
DE LOS SUBALTERNOS

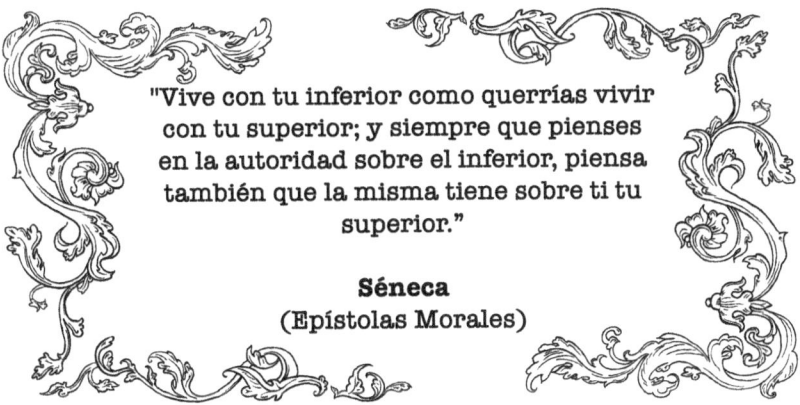

"Vive con tu inferior como querrías vivir con tu superior; y siempre que pienses en la autoridad sobre el inferior, piensa también que la misma tiene sobre ti tu superior."

Séneca
(Epístolas Morales)

195 - Dignifica a tu subalterno y a tu criado con tu trato de altura y afable.

196 - Si tienes negocios da a tus empleados y servidores justa participación de tus beneficios.

197 - No olvides que tus empleados y servidores son tus colaboradores y no tus esclavos.

198 - Para tus empleados y servidores sé un buen padre y amigo. No les explotes para beneficio tuyo.

199 - Si el esclavo es un ser de espíritu abatido, despreciable es el que le mantiene en estado servil.

200 - No es suficiente saber lo que se va a decir al subalterno, sino cómo se debe decir.

201 Es mejor obedecido y servido el que manda con dulzura que el que lo hace con despotismo.

202 - Es obligación del buen patrón ayudar a su empleado a solucionar sus necesidades y calamidades.

203 - Ayuda a tu empleado, en la medida de tus posibilidades, a coronar sus justas aspiraciones de progreso.

X
DEL CABALLERO

"El caballero, caballero es aunque se encuentre entre rufianes"

Refrán Aragonés

204 - Más vale un caballero empobrecido que un truhan enriquecido.

205 - La nobleza, la lealtad y la generosidad son las virtudes centrales del caballero.

206 - Sean mis hijos, caballero y dama en todas las situaciones de la vida: en la opulencia y en la indigencia.

207 - El caballero y la dama son aquellos que en la altura y en la adversidad saben conservar la nobleza y la dignidad.

208 - El caballero y la dama no se doblegan jamás ante la indignidad, por más fuerte que sea el halago.

209 - Del caballero y de la dama jamás podrá derivarse una acción innoble.

210 - Es de caballero y de gran dama hacer de la limosna

un grato regalo.

210 - El caballero debe ser atento y amable con la mujer, sin reparar en la edad de esta, ni en su color, ni en su nivel social. ¡Lo cortés no quita lo valiente!, dice el adagio castellano.

XI
DE LOS PODEROSOS

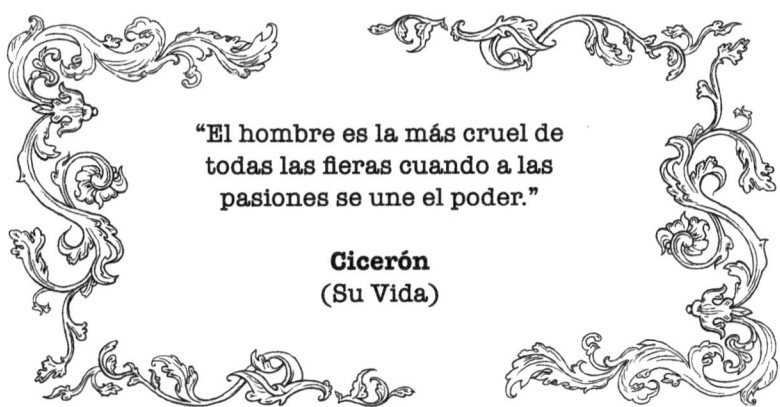

"El hombre es la más cruel de todas las fieras cuando a las pasiones se une el poder."

Cicerón
(Su Vida)

211 - Si fueres poderoso e influyente, cuídate más de "los amigos" que de los enemigos.

212 - La mayor gloria del poderoso es saber dominarse y reprimir a sí mismo la ira: para evitar caer en la megalomanía.

XII
DE LOS ENEMIGOS

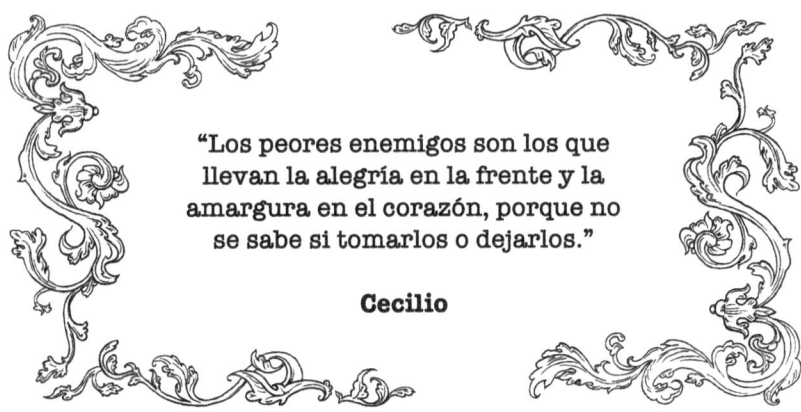

"Los peores enemigos son los que llevan la alegría en la frente y la amargura en el corazón, porque no se sabe si tomarlos o dejarlos."

Cecilio

213 - Combate a tu enemigo siempre de frente y con armas nobles.

214 - No subestimes a tu enemigo y reconócele sus cualidades y talentos.

215 - No recurras nunca a turbias maquinaciones, ni aproveches oportunidades innobles para combatir o vencer a tu enemigo.

216 - Los más peligrosos enemigos son aquellos que aparentan ser tus amigos.

217 - No te extrañes de encontrar enemigos gratuitos en tu camino profesional y en el trabajo. ¿Causa de esa enemistad? ¡A veces es insospechada!

218 - En todas tus actuaciones sé preciso y correcto para que no abras puertas a la satisfacción de tu enemigo. ¡Ten siempre bien cubiertos todos esos flancos!

219 - Frente a tus enemigos sé discreto y prudente para que no encuentren material con qué urdir sus intrigas.

220 - La serenidad de tu conciencia y la limpieza del deber cumplido, es la mejor defensa contra las intrigas de tus enemigos.

XIII
DE LOS SOBERBIOS Y AUTOSUFICIENTES

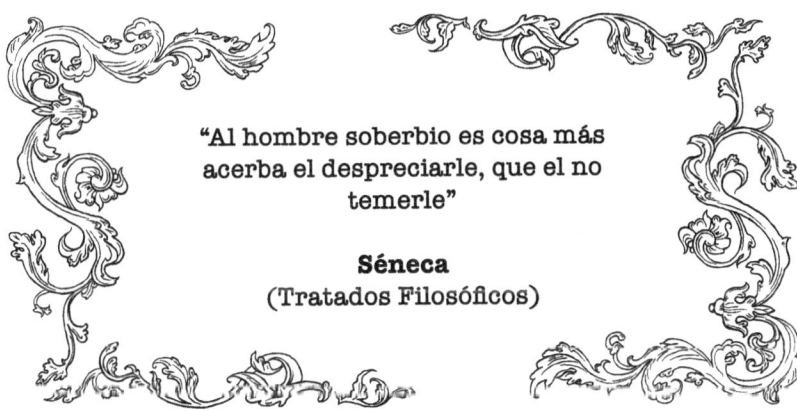

"Al hombre soberbio es cosa más acerba el despreciarle, que el no temerle"

Séneca
(Tratados Filosóficos)

221 - Ten compasión de los soberbios y autosuficientes, porque ellos están muy lejos de Dios.

222 - La egolatría es la máxima negación de la bondad de Dios.

223 - La sanción más ejemplarizante que se debe dar al soberbio es el desprecio.

224 - El soberbio y el autosuficiente están expuestos a incurrir continuamente en errores.

XIV
DE LOS RESENTIDOS

"La reacción del resentido puede conducir a una conducta delictiva."

Mabel A. Elliot

225 - Solo al resentido incomoda el triunfo y bienestar ajenos.

226 - El resentido es digno de compasión. Este desdichado ser carece de la suficiente elevación espiritual que le permita superar ciertos complejos, a veces de susceptibilidad pueril, y soslayar las inconsecuencias humanas de que pueda haber sido objeto.

227 - El resentido es un lastre para el desarrollo de la sociedad. Es portador de odio irreductible, que, indiscriminadamente, encauza hacia fines inconfesables.

228 - Cuando el resentido escala posiciones de poder, se convierte en el más despiadado enemigo de la sociedad.

229 - El resentido se propone cobrar a la sociedad lo que ésta no le ha causado.

230 - ¡El resentido no perdona al hombre satisfecho de la vida!

XV
DE LOS INTRIGANTES Y CHISMOSOS

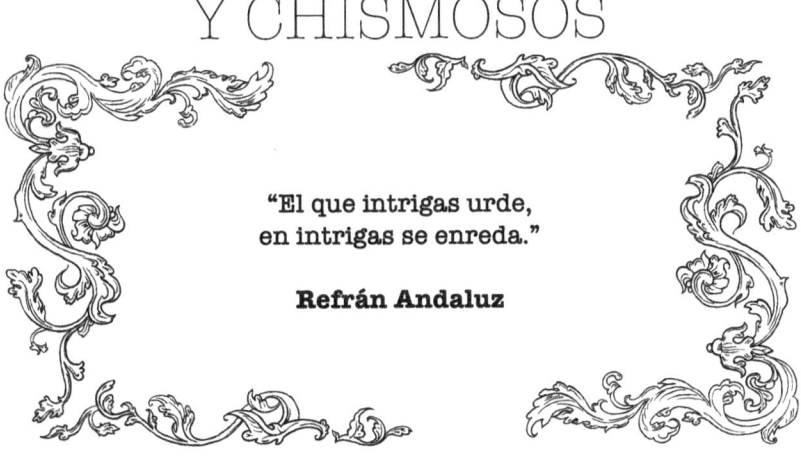

"El que intrigas urde, en intrigas se enreda."

Refrán Andaluz

231 - Tanto la mujer corno el hombre deben evitar a las personas aficionadas a las comidillas, chismografía y parlanchinerías*. Insisto sobre este punto, porque he presenciado muchos descalabros en matrimonios debidos a esos individuos.

232 - Nunca des cabida en la intimidad de tu hogar a los intrigantes y chismosos. Esas desgraciadas criaturas son agentes perniciosos de la infamia y la disolución de la familia.

233 - El intrigante burdo es abominable, pero hace menos daño que el intrigante inteligente.

234 - La mejor defensa frente a la intriga es no "dejarse ver el lado flaco."

235 - Cuídense mis hijos de no caer, incautamente, en la red del intrigante, ni para utilizarles a ustedes en sus

morbosas maquinaciones, ni para ser ustedes objeto de las mismas.

236 - Rechaza con energía toda intriga y manifestación, por leve que sea, dirigida, **so color de juego**, hacia alguna persona de tu aprecio o no que en algo pueda lesionarla en su moral, en su delicadeza, en su pudor...

XVI
DE LOS CHARLATANES

"Hombre insolente, hablador, desvergonzado, cuya lengua no tiene brida, ni puertas la boca; vocinglero infatigable; hacinador de vocablos ampulosos."

Aristófanes

237 - Ante el charlatán, muchas veces, el silencio es más elocuente que la diatriba.

238 - La más elocuente respuesta al necio es nuestro desprecio.

239 - No se dejen engañar con aquellos habladores sin contenido esencial; esas "metralletas de la palabra" solo en las masas tienen acogida.

240 - Ten compasión del fachendón, quien con su vanidad ostentosa demuestra ser un "pobre diablo".

241 - El hombre bien nacido, jamás será charlatán.

242 - Solo los **recién vestidos** ostentan y alardean de su vestido nuevo.

242-A - Charlatanes los ha habido en todos los tiempos,

pero nuestro siglo es el siglo de los charlatanes, por el crecimiento de la mediocridad paralela al desarrollo del tecnicismo.

XVII
DE LOS OBCECADOS Y FANÁTICOS

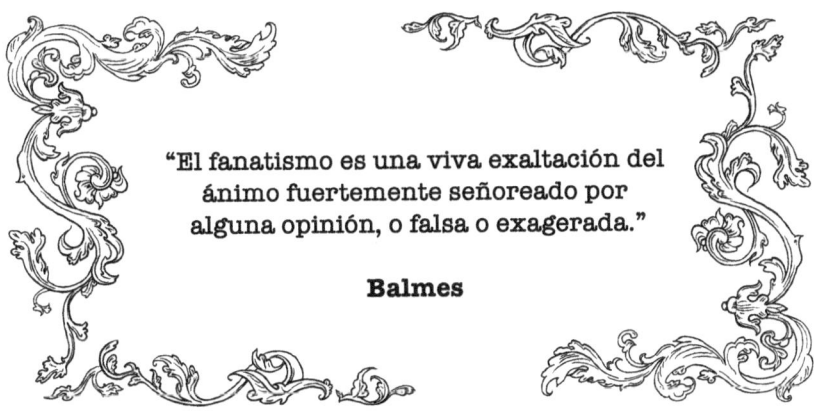

"El fanatismo es una viva exaltación del ánimo fuertemente señoreado por alguna opinión, o falsa o exagerada."

Balmes

243 - No pierdas el tiempo en pretender convencer al obcecado y al fanático.

244 - Los que totalitariamente rehúsan oír la palabra de los autores ubicados fuera del patrón de su repertorio ideológico o de su fanatismo, reducen la ciencia a **mini ciencia**.

245 - Como medida práctica no conviene discutir de política, ni de ideologías con personas obcecadas, porque es perder el tiempo.

246 - El fanático y el obcecado viven en tinieblas.

247 - El fanatismo y la obcecación ennublecen* el entendimiento del individuo.

248 - Al influjo del fanatismo se han perpetrado los más horrendos crímenes de la historia.

249 - El fanático, por su carencia de razonamiento, es un peligroso guerrero violento.

250 - El fanático se mueve sobre una plataforma edificada por su febril imaginación.

251 - El fanático se cree en posesión exclusiva de la verdad.

252 - Peligroso el fanático armado del poder: ¡se convierte en el azote de la sociedad!

XVIII
DE LOS NUEVOS RICOS

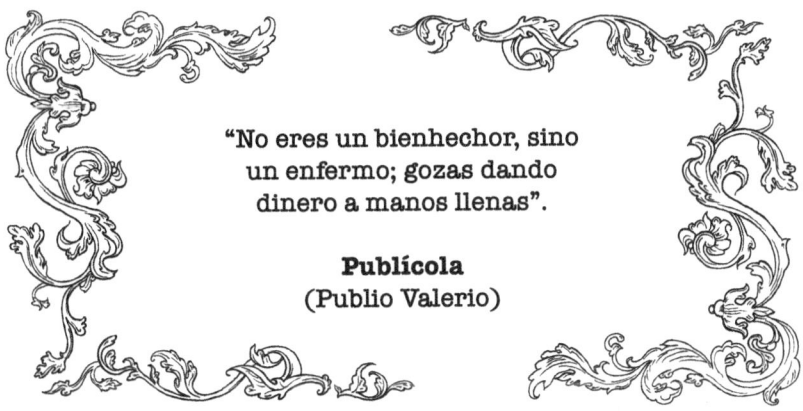

"No eres un bienhechor, sino un enfermo; gozas dando dinero a manos llenas".

Publícola
(Publio Valerio)

253 - Es triste la mentalidad del **nuevo rico**. Y desgraciado el que sustenta esa mentalidad sin ser **rico nuevo**.

254 - Separa a tus hijos de la mentalidad del **nuevo rico**, muy próspera en las sociedades aluvionales.

XIX
DE LOS ADULADORES

"Preguntado Diógenes qué animal muerde más perniciosamente, respondió: **De los bravos, el calumniador; de los domados, el adulador.**"

Laercio
(Vidas de Filósofos)

"Son los lisonjeros o aduladores la más perniciosa y fatal peste de los príncipes y con quienes han peligrado más Estados que con las armas de los enemigos."

Quinto Curcio
(Vida de Alejandro)

"En el ciudadano de elevada estirpe y noble alcurnia, la adulación, fausto y ambición son señales de pobreza de carácter."

Cicerón
(Tratado de la República)

255 - Jamás aceptes el endiosamiento de que te hagan objeto los aduladores y los ignorantes. No olvides que hombre eres y como humano no tienes la perfección reservada a Dios.

256 - Desconfía de aquellos **incondicionales**, siempre dispuestos a asentir a tus ideas, a aprobar tus proyectos y a halagar tu vanidad.

257 - Los cantos melosos de los aduladores hacen más daño al poderoso que sus más encarnizados enemigos.

258 - Los aduladores son el azote de los vivos, en tanto que los gusanos lo son de los muertos.

259 - Nunca tomes como ciertos los afectos que surgen al calor de tu influencia y prestancia.

260 - Los que hoy te envanecen, mañana podrán ser tus verdugos, si ya no les sirves a sus intereses y aspiraciones.

261 - El que tiene aduladores de compañeros, siempre estará solo.

262 - Desgraciado el hombre que se rodea de aduladores y desecha a sus amigos.

263 - En la Venezuela del petróleo, la adulación toma un cariz descomunal.

XX
DE LA MUJER Y SUS DERECHOS

"...por lo común las mujeres no saben sino aquellos oficios caseros a que están destinadas, y de aquí infieren los hombres que no son capaces de otra cosa. El más corto lógico sabe que de la carencia del acto a la carencia de la potencia no vale la ilación; y así, de que las mujeres no sepan más, no se infiere que no tengan talento para otras. Nadie sabe más que aquella facultad que estudia, sin que de aquí se pueda colegir, sino bárbaramente, que la habilidad no se extiende a más que la aplicación."

Fray Benito Feijóo
(En Defensa de la Mujer)

264 - La mujer debe hacer valer sus derechos frente al hombre.

265 - La mujer debe mantener firme su dignidad frente al hombre.

266 - La mujer no debe ser un ente pasivo ante el hombre. La mujer tiene voz y voto calificado en todas las deliberaciones de materias que le atañen.

267 - Desgraciada es la mujer que no ve sino por los ojos del hombre a quien complace servilmente.

268 - El servilismo en la mujer la coloca en nivel de supina inferioridad frente al hombre a quien trata de agradar.

269 - El hombre que somete a la mujer al servilismo, es inferior.

270 - La mujer sensata debe mantenerse firme en su terreno de mujer y defenderse de los hombres.

271 - La mayor gloria de una mujer es verse apreciada y valorizada por el hombre y no convertida en objeto servil suyo.

272 - Es triste el espectáculo que ofrecen una serie de mujeres - muchas jóvenes - en la Caracas actual, convertidas en auténticas autómatas, manejadas grotescamente por sus novios y esposos. ¡Hasta el don de la palabra lo han delegado en sus dioses!

273 - Asombrado estoy al constatar la disminución de la cortesía hacia la mujer que se aprecia en los jóvenes de la generación de mis hijos.

274 - He apreciado el trato despótico que dispensan los jóvenes a las niñas. Y mayor es mi asombro al constatar la aceptación servil de parte de ellas.

275 - Hijos: mucho me he esforzado en combatir esa irregular situación. He predicado a mi hijo sea siempre atento, cortés, amable, servicial con las mujeres todas. Hasta he recomendado a mi hijo sea

tolerante con las mujeres malcriadas e impetuosas.

276 - Hijos: bien saben Uds. cuál es mi celo por mantener entre Uds. muy en alto el respeto y consideración mutuos.

277 - Hijos: bien conocen Uds. cuáles son mis preocupaciones en torno a la futura selección matrimonial de Uds.

278 - Hijos: siempre he predicado a Uds. dos que seleccionen para sus futuros cónyuges **dama** para Leopoldo y **caballero** para María Isabel, porque Uds. dos son **dama** y **caballero**, y bien conocen Uds. los atributos y virtudes de estos dos valores humanos de toda sociedad bien organizada.

279 - Hijos: bien conocen Uds. mi interés porque Leopoldo, al casarse, aprecie en su esposa una compañera y nunca una esclava. Y María Isabel haga valer ante su cónyuge los derechos que le corresponden inherentes a su condición de mujer y **dama**.

280 - Así como recomiendo a mi hija sepa defenderse de los hombres, también se prepare para defenderse del elemento mujer, su congénere, en quienes encontrará opositoras a mis prédicas, porque ellas convienen en el servilismo.

281 - Una aclaratoria: téngase presente que no propongo **el alzamiento** de la mujer, lo que le haría perder femineidad y le colocaría en muy desfavorable

posición, ¡no! sólo persigo armar a mi hija para que mantenga firme sus derechos y principios de dignidad que honran la vida de la mujer culta y civilizada.

282 - El complejo de superioridad mal fundado en el hombre, trata de mantener a la mujer relegada a segundo término. Y es grotesca esta posición al negarle la paridad intelectual.

283 - Todas las ciencias están al alcance de las mujeres, si las estudian y las ejercitan. Es falsa la peregrina idea de los hombres de cerrarle a la mujer el acceso a esos bienes de la cultura.

284 - El Padre Feijóo en su defensa de la mujer abunda en razones de peso, que echan por tierra eso interesado criterio masculino sobre su capacidad intelectual. Dice este decidido defensor de la mujer en el "siglo de las luces": ... "aquéllos que ponen tan abajo el entendimiento de las mujeres, que casi le dejan en puro instinto, son indignos de entrar en la disputa. Tales son los que asientan que a lo más que puede subir la capacidad de una mujer, es a gobernar un gallinero. Tal aquel prelado que decía que la mujer que más sabe, sabe ordenar un arca de ropa... la más benigna interpretación que admiten (estos dichos) es la de recibírseles como hipérboles chistosas. Es notoriedad de hecho, que hubo mujeres que supieron gobernar y ordenar comunidades religiosas, y aún mujeres que supieron gobernar y ordenar repúblicas enteras."

285 - Con este otro enérgico argumento destruye el Padre Feijóo esa especie de "tabú" fabricado por el hombre sobre "la inferioridad de la mujer." Arguye: "Si todos los hombres se dedicasen a la agricultura (como pretendía el insigne Tomás Moro en su Utopía), de modo que no supiesen otra cosa ¿sería esto fundamento para discurrir que no son los hombres hábiles para otra cosa?"

286 - Es inconcebible que aún hoy pretenda mantenerse vigente ese fardo de prejuicios y criterios malintencionados en torno a la mujer.

287 - A la mujer le corresponde demostrar por sí misma - y para ello le asiste amplio derecho - que es capaz de poseer las ciencias al igual del hombre.

288 - Ello no significa que pierda o sufra desmedro su femineidad. Una mujer puede ser excelente profesional, al igual que perfecta ama de casa.

289 - Y hoy es obligatorio para la mujer asegurarse una profesión. Queda a su arbitrio la selección de ella. Las hay que exigen más sacrificio que otras; mas, en cualquiera, tenga la certeza, que dará sus frutos al nivel del hombre.

290 - No hay que confundir este lógico margen de acción, que en justo derecho le atañe a la mujer, con la pérdida - repito - de los valores inherentes a su condición de mujer, que la distingue como criatura

delicada y agradable frente al hombre.

291 - Es menester despejar, ya, esa nebulosa de pesimismo que sobre la mujer han mantenido los hombres, con fines muy bien calculados.

292 - Es paradójico, que en esta etapa de tanta revolución, a la mujer se le mantenga todavía en Latinoamérica, sumergida en ese saco de pesimismo incalificable.

293 - Y la parte de la revolución en que ha participado nuestra mujer, solo ha servido para disminuir ella su cuota de libertad y reforzar la **manga de la libertad irrestricta del hombre**, al estilo Rousseau, quien en el siglo XVIII, centuria también de revoluciones, hace de su pupilo **Emilio** un alzado, pedante y odioso por el enjambre de poderes con que le arma, y, en cambio, condena a la desdichada **Eloísa** a ser un dúctil elemento servil de los caprichos del **todopoderoso Emilio**.

294 - En el matrimonio la mujer es la compañera de su esposo, la señora de la casa, la madre venerada, en fin, la dama a quien esposo e hijos deben rendir pleitesía y reverencia.

295 - En el hogar la mujer debe gozar de voz y voto en todos los órdenes.

296 - La profesión más bella de la mujer es la de ser perfecta ama de casa, honorable dama y señora,

excelente esposa y madre abnegada.

297 - Espero que mi hijo y mi hija no olviden jamás, en ningún momento de su vida, el ejemplo que les he dado en nuestro hogar como esposo y padre, respetuoso de los **derechos de la mujer**.

298 - A mi hijo, cuando le toque tratar con su esposa y sus hijas, que recuerde mi conducta.

299 - A mi hija, cuando le toque tratar con su esposo y sus hijos, que reclame de ellos trato igual al que yo he dispensado a ella y a su madre. ¡Soy respetuoso de la mujer en todos sus órdenes y estados!

300 - Mi preocupación se dirige - lo repito mil veces - a que las relaciones entre padres e hijas, hermanos, cónyuges, se desarrollen dentro del término estricto de la sindéresis : equilibrio y equidad en todo momento, mediante el respeto mutuo de los derechos que a cada uno da la ley natural, la ley civil, la razón y la cultura.

301 - Esa preocupación, que en mí raya en ansiedad agónica, nace de la desproporción que ha existido - y hoy, **insólitamente** parece reforzarse - en las relaciones hombre-mujer, en que el hombre, con **descarada impunidad**, disfruta de todas las ventajas y a la desdichada mujer se le relega a último lugar y se le somete a su voluntad.

302 - Jamás he convenido en que la mujer debe manifestar su amor por vías de la sumisión y el

servilismo al hombre, que hasta le enajena su voluntad. En mi opinión es éste un caso morboso de inferioridad de ambos: del déspota y de la sumisa esclava.

303 - Tienen mis hijos el ejemplo que sobre esta materia les hemos ofrecido su madre y su padre. Jamás se ha registrado en nuestra vida matrimonial - hoy de veinte y cuatro años - la imposición del uno sobre el otro.

304 - Jamás se ha suscitado entre nosotros posiciones olímpicas por la jurisdicción "de mando", que, dicho sea de paso, ¡yo no quiero mando en la casa! Es esa materia muy difícil que delego en mamá Pita.

305 - Bien conocen mis hijos el método de discusión que aplicamos, en nuestro hogar a todas las situaciones, muchas veces con la participación de Uds., para arribar a conclusiones y tomar decisiones.

306 - Bien conocen mis hijos - y les pido mantengan vivo su recuerdo por toda su existencia - el continuo cambio de ideas que sostengo con ustedes sobre temas de nuestra vida ordinaria y tópicos de más transcendencia.

307 - ¡Cuán agradables han sido las sesiones de nuestra "mesa redonda"! En ellas hemos discutido, de igual a igual, los cuatro miembros de nuestra célula hogareña: tu mamá, Polo, Pachita y yo, sobre los más variados asuntos, como si fuéramos todos de la

misma edad.

308 - En esa "mesa redonda" cada uno ha expuesto sus sentimientos y pareceres con libertad absoluta, a veces con acaloramiento y fogosidad, que asombrará a los extraños que no conocen nuestra pedagogía hogareña.

309 - En nuestro hogar se ha dictado una permanente cátedra de civismo que nos honra a padres e hijos y de lo cual debemos sentirnos orgullosos.

310 - Debo mencionar las charlas ilustrativas sobre temas de historia pasada y presente, complemento de nuestra "mesa redonda", que periódicamente dicto a ustedes y sus amigos.

311 - Tengo la convicción de que en materia de civismo y ejercicio de la libertad ordenada dentro de los cánones cartesianos, mis hijos han tenido en su hogar una escuela que, con toda la modestia del caso, me atrevo a calificar de ¡excelente!

312 - A mi futura nuera le recomiendo haga valer **sus derechos de mujer** en su matrimonio; que, seguro estoy, le reconocerá en plenitud mi hijo Leopoldo; y reclamarlos para sus hijas.

313 - Y a mi futuro yerno le pido reconozca a mi hija María Isabel sus **derechos de mujer**, que ha ejercido y disfrutado en plenitud en su hogar paterno. Y lo mismo para sus hijas.

313-A - El **complejo de superioridad** propio del **hombre INFERIOR** llega al máximo de su aberración al considerarse el hombre que él **no envejece** y la mujer sí. E impulsado por este prurito son muchos los hombres que se deslizan por el **tobogán** de la más grotesca cursilería y ridiculeces frente a muchachitas.

313-B - Despejen las mujeres, desde jóvenes, el complejo que en torno a ellas tejen los hombres en relación con la edad de la mujer y la soltería. ¡Son necedades insólitas! Tan digna y meritoria es la mujer soltera como la casada. ¡Rompan esos **tabúes** estúpidos y pongan en su puesto justo a esos imbéciles y morbosos que tanto abundan en estas sociedades subdesarrolladas!

XXI
DEL ODIO

> "Dejarse arrebatar por el odio los hombres, hasta su sacrilegio con los dioses, es la prueba más segura del colmo de la demencia."
>
> **Polibio**
> (Historia universal durante la República Romana)

> "Las amistades deben ser inmortales, y los odios pasajeros."
>
> **Tito Livio**
> (Décadas de la Historia Romana)

314 - Cuando al odio social se suma la soberbia, sus portadores constituyen el verdadero azote de Dios.

315 - Cuídate de no ser jamás masa, pasto de los demagogos y sembradores de odio.

316 - El odio destruye, el amor construye.

317 - Nunca des cabida en tu corazón al odio corrosivo.

318 - El odio solo encuentra albergue en los corazones débiles o tarados de complejos.

319 - En nuestros tiempos se odia indiscriminadamente. Hay agentes que sacan dividendos a este corrosivo del espíritu.

320 - Hoy se odia **a priori**, sin análisis de causa.

321 - Es el odio el motor de muchas banderías políticas.

322 - El calor político que en nuestros días electriza a nuestra sociedad, mantiene viva la hoguera del odio.

323 - En los pueblos subdesarrollados los estragos del odio son más notables.

324 - La ignorancia, la despreocupación y la indiferencia de gruesos sectores de nuestra burguesía por los problemas sociales de nuestra patria, abren las puertas a la revolución portadora del odio destructor.

325 - Se debe odiar lo malo, mas, cuando el odio indiscriminado arrastra al hombre, le acerca a la fiera.

"Que donde haya odio, ponga yo amor. Que donde haya ofensa, ponga perdón. Que donde haya discordia, ponga armonía. Que donde haya error, ponga verdad. Que donde haya duda, ponga yo fe. Que donde haya desesperación ponga esperanza. Que donde haya tinieblas ponga tu luz. Que donde haya tristeza ponga alegría. "
San Francisco de Asís

XXII
DEL AMOR

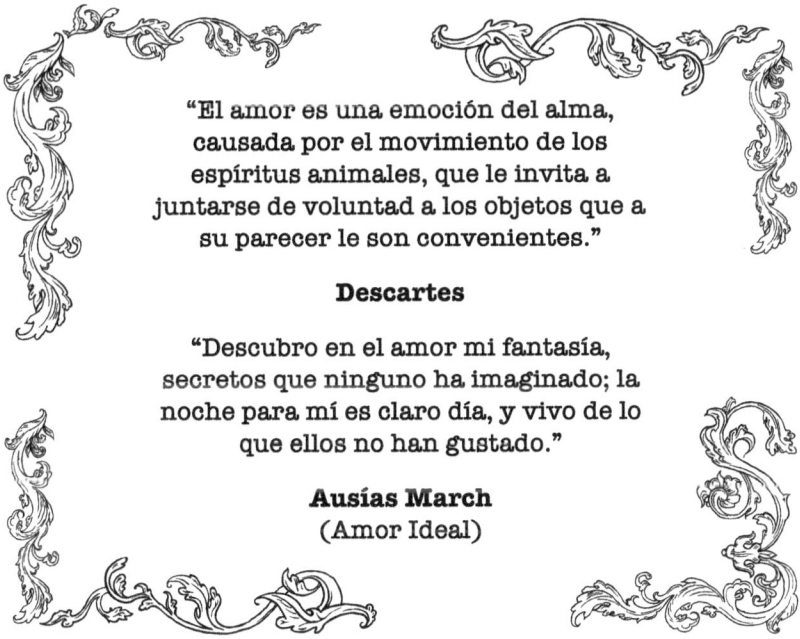

"El amor es una emoción del alma, causada por el movimiento de los espíritus animales, que le invita a juntarse de voluntad a los objetos que a su parecer le son convenientes."

Descartes

"Descubro en el amor mi fantasía, secretos que ninguno ha imaginado; la noche para mí es claro día, y vivo de lo que ellos no han gustado."

Ausías March
(Amor Ideal)

326 - El amor es el principio del bien.

327 - La base del cristianismo es el amor.

328 - La solución de los problemas de la humanidad está en el amor.

329 - El amor de los padres es el más desinteresado.

330 - El amor conyugal es la expresión más difícil de lograr, ya que es necesaria la concurrencia de dos voluntades en la fusión de un todo único e indivisible.

331 - ¡Felices los cónyuges que logran esa comunión de amor!

332 - El amor verdadero es el que se mantiene vivo y rozagante en todos los momentos del ser amado: en la gloria, en la opulencia, en el infortunio, en la indigencia.

333 - La prueba de fuego del amor verdadero es el infortunio.

334 - "El amor se paga con amor", reza el proverbio castellano.

335 - En el amor, las acciones deben corroborar lo que dicen las palabras.

336 - La dicha más sublime del amor es apreciar, en el curso de la vida, su carrera gloriosa **in crescendo** hasta la muerte de los enamorados.

337 - Dante ha dejado plasmado en este soneto de su **Vita Nova** ese sortilegio del amor **in crescendo** de los enamorados corazones:

Tanto tiempo me tiene dominado Amor por su virtud de señoría, que si al principio duro parecía hogaño me parece suavizado.

Y es que cuando me deja anonadado porque el ánimo escapa y se extravía, entonces, débil, siente el alma mía tal goce que me noto demudado.

Amor adquiere luego tal potencia, que me hace suspirar si estoy hablando. Y, mi dama invocando, aumenta, con placer, mi complacencia, Tal acontece, si a mi vista acude, aunque pueda haber gente que lo dude.

338 - ¡Amor...! ¡Amor...! ¡Amor...!

(Vid. Mis **Cantos al Amor** en la segunda parte de esta selección intitulada: **Florecillas de mi hogar**).

"¡Oh! Maestro, que no busque tanto:
Ser consolado... cómo consolar.
Ser comprendido... como comprender.
Ser amado... como amar;
pues: dando ... se recibe.
Olvidando... se encuentra.
Perdonando se es perdonado.
Muriendo... se resucita a la vida eterna".

"Señor, haced de mí un
instrumento de vuestra Paz".

San Francisco de Asís

XXIII
DE LA CASTIDAD

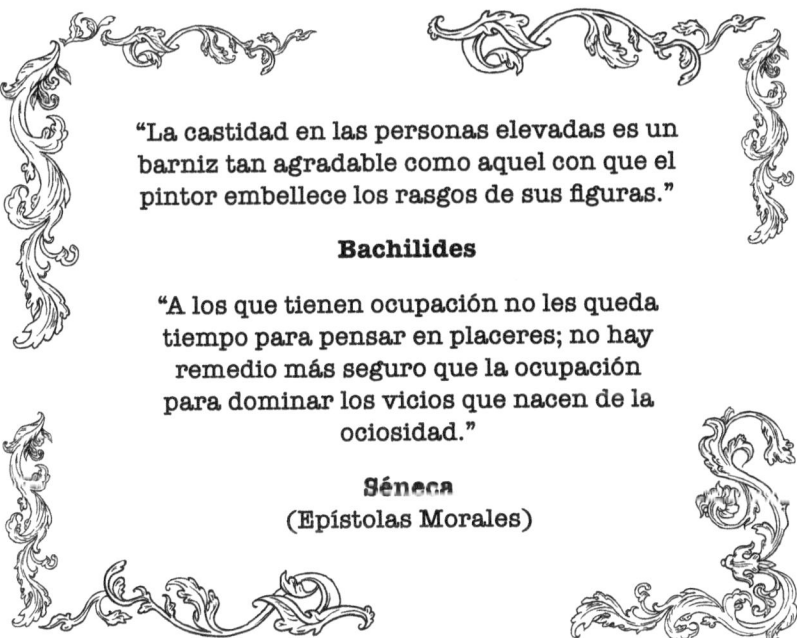

"La castidad en las personas elevadas es un barniz tan agradable como aquel con que el pintor embellece los rasgos de sus figuras."

Bachilides

"A los que tienen ocupación no les queda tiempo para pensar en placeres; no hay remedio más seguro que la ocupación para dominar los vicios que nacen de la ociosidad."

Séneca
(Epístolas Morales)

339 - La castidad es la más relevante de las virtudes.

340 - ¡Dichosos el hombre y la mujer que observan la castidad!

341 - La castidad es propia de los espíritus fuertes.

342 - Recomiendo a mi hijo Leopoldo José mantenga **oídos sordos** ante las prédicas de los "marañónicos" y "freudianos" sobre el tópico sexual. Como médico en proceso de formación debe saber que es incierto - y científicamente se ha comprobado - que la castidad en nada afecta la salud. (Vid. Conclusiones Congreso de Bruselas de 1902, que inicia la preocupación con

seriedad científica sobre la materia y continúa en el decurso del tiempo hasta el presente).

343 - Si en mi adolescencia y juventud tuve valor para enfrentarme con coraje a los **superdotados sexualistas**, verdaderos representantes del **sexo sin seso**, hoy refuerzo ese coraje para recomendar a mi hijo la observancia de la castidad, como tesoro del mejor vivir en el presente y excelentes reservas para ese goce en el futuro en su vida matrimonial.

344 - A la escuela de médicos que aconseja a los jóvenes ceder a la lujuria, como una función natural que no debe contrariarse, se opone la escuela de los que sostienen que la castidad no perjudica, en absoluto, la salud del individuo.

345 - En ese último grupo de científicos militan especialistas católicos y no católicos de diversas nacionalidades - ingleses, alemanes, franceses, italianos, suecos, noruegos, españoles, estadounidenses, suizos...- con lo cual se despeja el tinte de exclusividad que los contrarios, sumergidos en caducas polémicas de los siglos XVIII y XIX, han querido atribuir a la Iglesia.

346 - La Iglesia sí mantiene su criterio muy firme y bien fundamentado sobre bases teológicas y morales.

347 - En esta oportunidad menciono al grupo de científicos del Colegio de Medicina de la Universidad de Cristianía; al Dr. Eulemburg, de la Universidad

de Berlín, autoridad reconocida en la materia; a los doctores J. Blanc, Meyer, Brochet, Hoffman, Fermet, Antonelli, Eschbach, entre otros muchos.

348 - En 1865 el Profesor McLennan dio a la luz su trabajo psicobiológico intitulado *Primitive Marriage*, que abrió las puertas al estudio de las relaciones sexuales. Y como quiera que la castidad es un punto clave en la cuestión y entra en el campo psicológico y biológico del individuo, disponemos hoy de un hermoso acervo científico sobre la materia, que despeja muchas nubes alimentadas por los pseudo-científicos y charlatanes, que solo reviven puntos negros de discusiones ya superadas por la ciencia y la moral.

349 - Hoy está bien dilucidado el problema. En cualquier texto de cuño científico sobre el tema se reconoce el valor de la castidad como proporcionadora de beneficios para el que la observa. (Véase el tratado de **Sexología**, de reciente edición, de los Profesores H. Giese y A. Willy).

350 - Odiosa, muy odiosa, fue la etapa en que estuvieron de moda Freud y Marañón. A mí me tocó vivir en mi adolescencia y juventud bajo esa presión. ¡Cuánta ignorancia y temeridad se dio a correr en este medio subdesarrollado al influjo de esas prédicas!

351 - ¡Se hablaba a diestra y siniestra de la materia sexual, de suyo muy delicada! Los "pontífices" surgían al "por mayor". Quien no alababa a Marañón

o a Freud **era un imbécil**, un ignorante.

352 - Este movimiento fue absorbido por los **revolucionarios** del área marxista, con su cerebro en Moscú, quienes se proponían transformar la faz de la tierra en todos sus contornos.

353 - Madame Kollontai fue la "lumbrera" que tuvo a su cargo las prédicas de la educación sexual de la mujer. Las mujeres venezolanas "avanzadas" tenían que acoger sus prédicas, propiciadoras del amor libre, de la prostitución, de la nueva fórmula de la maternidad, concebida en los términos de que la mujer solo dará hijos al Estado, dios todopoderoso, quien se encargará de su educación integral.

354 - Todo este bagaje de literatura sexualista y subversiva de los órdenes moral e institucional, va a dar sus frutos en el año de 1936, cuando en Venezuela se rompen las vallas de la opresión con la muerte del tirano Gómez acaecida en diciembre del año anterior. Contaba yo 19 años de edad.

355 - Se abre en Venezuela la compuerta de los "nuevos ricos de la libertad" que asimilan al libertinaje. ¡Cuán tristes fueron las notas del más supino subdesarrollo que se dieron a rodar en esa preciosa oportunidad, la cual naufragó en manos de los superdotados! - muchos de ellos, más viejos que yo, viven todavía- Algunos de ellos han sufrido transformaciones, aunque sea **a medias**.

356 - Hombres y mujeres "revolucionarios" del momento incluyeron en su "programación" el tópico sexual, inspirados en las prédicas de Freud, Marañón y madame Kollontai. ... Y se desató el más desbordado torbellino de esos sentimientos... que remató en el pronunciamiento en contra de los colegios de religiosos y religiosas, por ser, entre otros puntos aludidos, atrasados en la educación sexual.

357 - En esos tiempos, y en los años inmediatos anteriores, el joven caraqueño que no hacía gala en su conversación de los **"slogans" y estribillos** "marañónicos" o "freudianos" y trataba de explicarlos **valientemente**, era un **atrasado mental**, un **ente despreciable**. ¡Infelices estudiantes de bachillerato y universitarios!

358 - Ante ese veneno, que tocó a la mayoría de mis compañeros de estudio hoy antiguos jóvenes como yo **viví también envenenado** por el lado contrario.

359 - Sentí repulsión, repugnancia, por la obra de Marañón y Freud. De este último, **sus tesis de los complejos**, me llevaron a concluir que el primer **acomplejado** era el mismo Freud, fanático y obcecado en sus ideas fijas.

360 - Con el perdón de los admiradores de Freud, **creador del determinismo sexual**, declaro aquí que, a pesar del tiempo que he arrastrado hasta el presente, que soy un **cincuentón**, no estoy convencido de sus planteamientos.

361 - Convengo en que el psicoanálisis es un medio más para el logro del estudio de la psiquis; mas, le niego la fuerza dogmática que su autor y discípulos, en grados variados, han querido atribuirle ... Y, con más fuerza hoy, rechazo la interpretación y alcances que sus *dilettanti* pretenden asignarle.

362 - Con relación a los revolucionarios del ala soviética, hoy son muchos los pontífices de esa extracción que perdieron su vigencia; pues las transformaciones operadas en esa sociedad son formidables. Y muchos de los postulados surgidos en 1917 y arrastrados con fanatismo a través de las décadas del 20, 30 y 40 han sido modificados, archivados, revisados o revertidos.

363 - Sobre el tema sexual hoy menciono este testimonio: La Liga de Jóvenes Comunistas de Moscú se ha pronunciado, el pasado año de 1969, en la defensa de la virginidad en los jóvenes. Los pormenores de esta encuesta han sido publicados por el órgano periodístico de la **Liga Komsomolskaya Pravda** de Moscú y muy comentados por la prensa europea occidental. En Caracas "El Universal" de 15 de mayo de 1969 inserta amplia información.

364 - Ante el pronunciamiento de la **Komsomolskaya** ¿cómo quedan las prédicas de madame Kollontai? ¿Qué dirán las Kollontai venezolanas del año 36, antiguas jóvenes, muchas de las cuales viven todavía? Conversas algunas y fieles a su fanatismo, otras. ¡La historia, con su peso específico, es la

ejemplar "maestra de la vida"!

365 - En torno a Freud, debo esclarecer que en la Rusia Soviética sus tesis han sido rechazadas por chocar con la concepción materialista que solo ve en las ideas "un reflejo de las fuerzas materiales". En estos tiempos recientes **de las transformaciones**, se manifiesta un tenue movimiento tendiente a "rehabilitar a Freud en el campo científico." (Vid. John Hasker: **Rusia y las teorías de Freud**. En "El Universal", Caracas, de 16 de enero de 1969, se informa sobre el tema).

366 - Tristeza profunda me produce oir a jóvenes, algunos amigos de mi hijo, plantear, como si estuvieran descubriendo el mundo, todos esos tópicos manidos, que deben descansar ya en el desván de trastos viejos de la historia.

367 - "Libre albedrío", "amor libre", "la lujuria como eje de la vida", y tantos otros puntos han sido ampliamente debatidos, sobre ellos han dictado sentencias los mismos hombres, es, pues, materia juzgada. Esos jóvenes viven a espaldas de la historia. Y olvidan que el hombre se vistió desde hace milenio y le es muy forzado volver a la desnudez, al estado de naturaleza primitiva que ha superado.

368 - Una realidad contundente sobre el tema que me ocupa: la castidad y la lujuria han caminado paralelas desde la antigüedad de la humanidad. En todos los tiempos ha habido quienes han rendido

culto a ambas inclinaciones. Y cada cual ha vivido ajustado a su conciencia.

369 - Es incierto, y ello está comprobado hasta la saciedad por la misma ciencia, que los que hayan guardado la castidad hubiesen sucumbido o hubiesen sufrido desarreglos en su vida. ¡Yo soy vivo exponente de este sector!

370 - Y su observancia me ha capacitado para disfrutar de una vida matrimonial hermosísima, sin traumas espirituales, que acarrea la práctica mundana.

371 - ¡Insto a mi hijo seguir mi ejemplo! y a ilustrarse sobre el tema; y a evitar la lujuria en todos sus grados.

XXIV
DE LOS CELOS

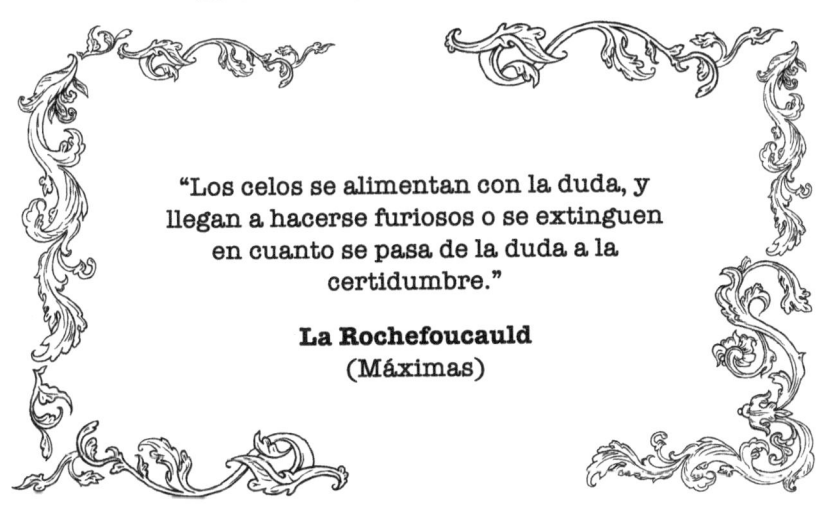

"Los celos se alimentan con la duda, y llegan a hacerse furiosos o se extinguen en cuanto se pasa de la duda a la certidumbre."

La Rochefoucauld
(Máximas)

372 - Los celos son hijos de la desconfianza en el ser amado.

373 - Cuídate de los celos, corrosivo del espíritu, muchas veces alimentados por falsos supuestos o por el fuelle de la intriga de terceros.

374 - Los celos ofenden muchas veces al ser amado.

375 - Los celos son el azote de la felicidad de los novios y esposos.

376 - Los celos y la envidia son repudiables. Entre ambos puede establecerse grados. La segunda se identifica con la vileza y no tiene justificación. Los primeros, pueden tener atenuantes, en cuanto el celoso defiende algo que le pertenece o cree pertenecerle. El envidioso se desboca por algo que en ningún plano es suyo. Pero los dos son estados anormales.

XXV
DE LA ENVIDIA

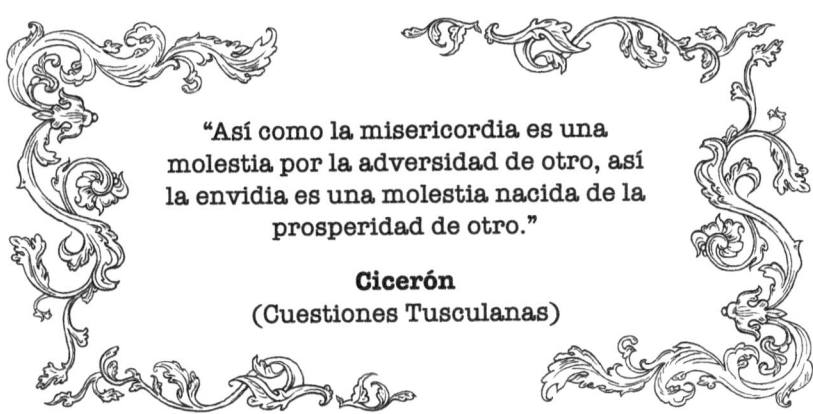

"Así como la misericordia es una molestia por la adversidad de otro, así la envidia es una molestia nacida de la prosperidad de otro."

Cicerón
(Cuestiones Tusculanas)

377 - La envidia es propia de los **enanos mentales**.

378 - El envidioso es un ser ruin, solo comparable al reptil, que, escondido en el fango acecha el paso de su víctima para asestarle el zarpazo, que jamás hiere más arriba del talón. Lo contrario es el caballero, quien, como el cóndor, ataca de frente y trata de herir en la sobreceja.

379 - El justo medio de la felicidad en la sociedad aluvional actual venezolana es no envidiar a nadie ni ser envidiado.

380 - Todo lo grande es pasto de la artera envidia.

381 - La felicidad concita la envidia del mediocre.

382 - El envidioso y el celoso son torturadores de sí mismos.

XXVI
DE LA DIGNIDAD

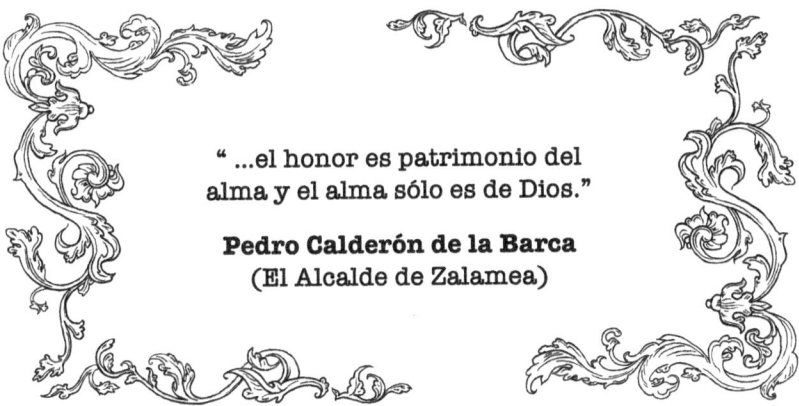

" ...el honor es patrimonio del alma y el alma sólo es de Dios."

Pedro Calderón de la Barca
(El Alcalde de Zalamea)

383 - La libertad garantiza la dignidad humana.

384 - En un clima de libertad puedes defender tus derechos; en la tiranía nó*.

385 - Reclama siempre tus derechos con altura.

386 - Así como te he aconsejado que a nadie debes humillar, te recomiendo no aceptes humillaciones por ningún respeto y bajo ningún color.

387 - Los "mercaderes de la dignidad y del honor" son los que prostituyen a los otros hombres con la grasa del soborno y el cohecho, que encuentra acceso fácil en los individuos carentes de convicciones firmes edificadas sobre la base de una moral bien consolidada.

388 - Cuando el principio de la dignidad se arraiga en el hombre y constituye un atributo de su propia vida, se estrellan en él todos los halagos y "carantoñas" tentadoras de la riqueza.

389 - En los momentos de indigencia y de penuria es cuando hay que afinar más los valores de la dignidad.

390 - Cobarde y ruin, acreedor del mayor desprecio, es el hombre que aprovecha la indigencia y penuria de su semejante para sojuzgarle y lograr ciertos fines y propósitos, así sea movido por la venganza o la vanidad.

391 - Es indigna la paz con servidumbre y esta es una manifestación de la indignidad.

392 - La mayor victoria está en vencer al contrario sin humillarle.

393 - Es triste y despreciable la vida cuando se escalan todos sus escalones a costa de la dignidad y el honor.

394 - 395 - Ausentes en el manuscrito

396 - Nunca cometas la indignidad de halagar al hombre indigno.

397 - Sé digno para que te aprecies a ti mismo.

XXVII
DE LA DISCRECION Y LA PRUDENCIA

"Sé padre de virtudes y padrastro de los vicios. No seas siempre riguroso ni siempre blando, y escoge el medio entre dos extremos; que en eso está el punto de la discreción."

Miguel de Cervantes
(Don Quijote)

"Hija mía: ¿Qué palabra has dejado escapar del baluarte de tus dientes?"

Homero

"Muchas veces me he arrepentido de haber hablado; nunca de haber callado."

Aulo Gelio
(Noches Áticas)

398 - La discreción es un valor importantísimo a observar en el hogar.

399 - Nunca deben traslucirse al exterior los problemas del hogar.

400 - La humanidad es muy dada a gozar con el malestar ajeno. No le des material para ese insano goce.

401 - Ante la ofuscación de los otros, procede con mesura y prudencia. Es esta la más dura forma de protestar contra la mala educación.

402 - Signo de sabiduría y prudencia es ser oportuno al dar nuestros consejos.

403 - No te conturbes si califican de timidez tu prudencia, y de cobardía tu mesura. Los que así te juzguen serán los primeros en reconocer lo contrario cuando pase el momento pasional que les inflama.

404 - No arriesgues en un minuto la felicidad de años.

405 - De nada vale la buena suerte cuando el recipiendario carece de prudencia y discreción.

406 - Ausente en el manuscrito

407 - Conserva en tu pecho los secretos que te confíen tus amigos.

408 - Es señal de prudencia saber cuándo se debe hablar y cuándo callar.

409 - Uno de los atributos del caballero es la discreción, que más debe extremarse cuando de damas se tratare.

410 - Es señal de cobardía y ruindad divulgar los secretos que de damas se posean. ¡Jamás - en ninguna situación - debe divulgarlos el caballero!

XXVIII
DE LA RESIGNACIÓN

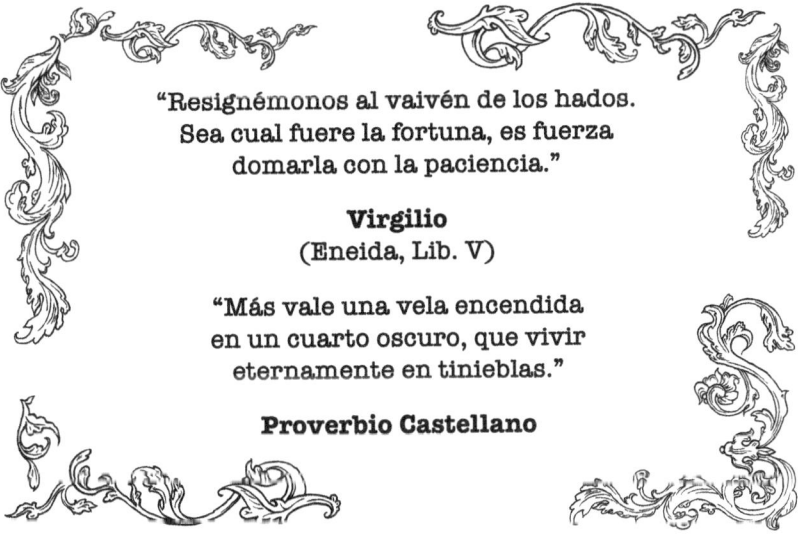

"Resignémonos al vaivén de los hados. Sea cual fuere la fortuna, es fuerza domarla con la paciencia."

Virgilio
(Eneida, Lib. V)

"Más vale una vela encendida en un cuarto oscuro, que vivir eternamente en tinieblas."

Proverbio Castellano

411 - La resignación es el mejor antídoto para el dolor.

412 - Ante las inconsecuencias humanas reflexiona con resignación. ¡Me he equivocado. Creí que era mi amigo! A esta conclusión te llevará tu reflexión.

413 - Ten paciencia y resignación ante tus males físicos y así te congracias con Dios.

414 - En momentos de desesperación encuéntrate a ti mismo. Luego recurre a los recursos humanos y divinos que hay para lograr la resignación, la consolación, la conformidad.

415 - Recursos humanos: la compañía y los consejos de personas queridas y de nuestra confianza.

416 - Recursos humanos: la lectura, el trabajo, la música.

417 - Recursos divinos: ¡la fe en Dios! ¡Con Dios todo se puede! ¡Dios jamás nos desampara y tiende sobre nosotros su misericordia infinita!

XXIX
DE LA CARIDAD

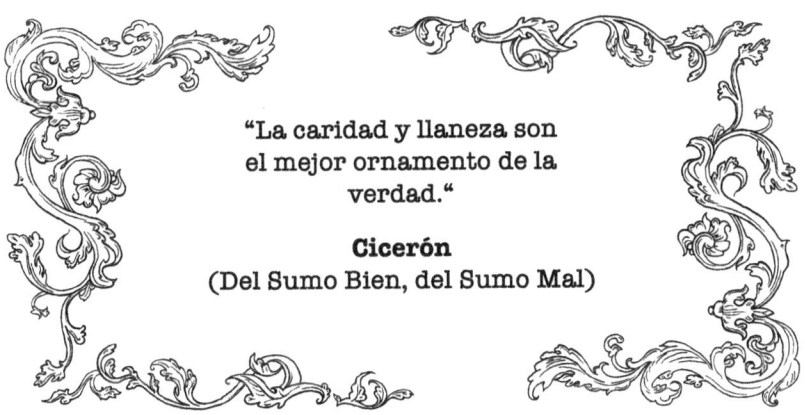

"La caridad y llaneza son el mejor ornamento de la verdad."

Cicerón
(Del Sumo Bien, del Sumo Mal)

418 - La caridad es la máxima expresión del amor cristiano.

419 - Ser noble ante las flaquezas de los otros, es caridad.

420 - Ser compasivo con el vencido, es caridad.

421 - Ser prudente ante la indiscreción de los otros, es caridad.

422 - Ser comprensivo ante la torpeza de los otros, es caridad.

423 - Ser amable con los ancianos y afectuoso con los niños, es caridad.

424 - Ser bondadoso con el subalterno, es caridad.

425 - Ser afable con el indigente, es caridad.

426 - Ser cordial con el extraño, es caridad.

427 - Tener piedad del charlatán y el autosuficiente, es caridad.

428 - Dirigir una frase de consuelo al que sufre, es caridad.

429 - Compadecerse del poderoso caído en la red de su soberbia, es caridad.

430 - Ofrendar una sonrisa al amargado, es caridad.

431 - Visitar a los enfermos, es caridad.

432 - Hacer algo por aliviar el dolor ajeno, es caridad.

433 - Hacer de la limosna un grato regalo, además de caridad, es propio del caballero y de la dama.

434 - 435 - Ausentes en el manuscrito

436 - Atender a todas las personas de **buena gana**, es caridad y a la vez demostración de decencia.

437 - Ser compasivo con el desvalido, es caridad.

438 - Tener compasión del ostentoso y el vanidoso, es caridad.

439 - Ser tolerante con los parientes mayores "cascarrabias", es caridad.

440 - Ser complaciente con nuestros ancianos padres, además de un sagrado deber, es caridad.

441 - Hijos míos: la caridad no es solo dar una limosna, una contribución para alguna obra pía; la caridad es todo lo que salga de uno para beneficiar a otro, así sea material o espiritual. ¡Es esa la acepción amplia de la caridad cristiana!

"La caridad es sufrida, es dulce y bienhechora; la caridad no tiene envidia, no obra precipitada ni temerariamente, no se ensoberbece,
no es ambiciosa, no busca sus intereses, no se irrita, no piensa mal;
no se huelga de la injusticia, mas se complace en la verdad;
a todo se acomoda, cree todo el bien del prójimo, todo lo espera y lo soporta todo.
La caridad nunca fenece... "

San Pablo
(Epístola I a los Corintios, 4,5,6,7,8)

XXX
DEL AGRADECIMIENTO

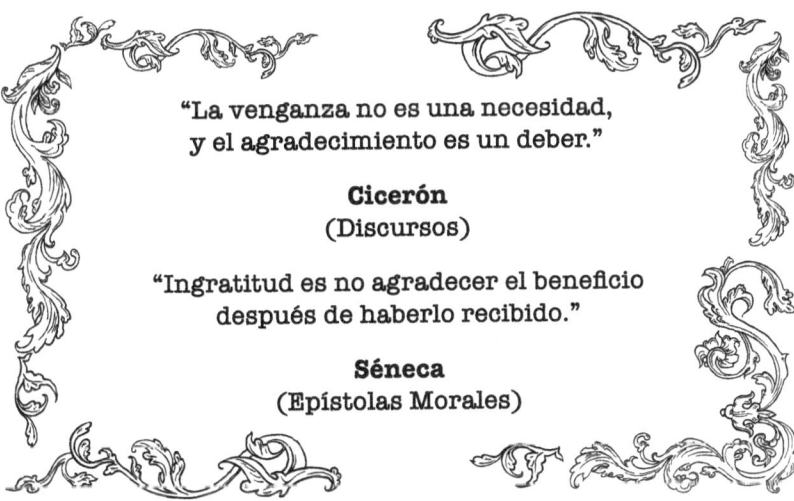

"La venganza no es una necesidad,
y el agradecimiento es un deber."

Cicerón
(Discursos)

"Ingratitud es no agradecer el beneficio
después de haberlo recibido."

Séneca
(Epístolas Morales)

442 - Sé agradecido de quienes recibes atenciones, cortesía y favores.

443 - El culto a la gratitud es uno de los dones del caballero.

444 - Ten presente a todos aquellos - parientes y amigos - quienes, en cualquier forma, han sido atentos contigo, o con tus padres; y venera su memoria, si ya han cumplido su misión en este mundo. Menciono en esta oportunidad a tus cuatro abuelitos y a tu tía Luisa, de siempre grata recordación.

445 - Sé agradecido de tus benefactores.

446 - Olvida el bien que hagas. Recuerda siempre el bien

que a ti te hagan.

447 - El ingrato es a la vez un miserable.

448 - El agradecido cumple con un sagrado deber.

449 - No te afecte la ingratitud de los hombres.

450 - Aprecia al agradecido.

XXXI
LA TRADICIÓN

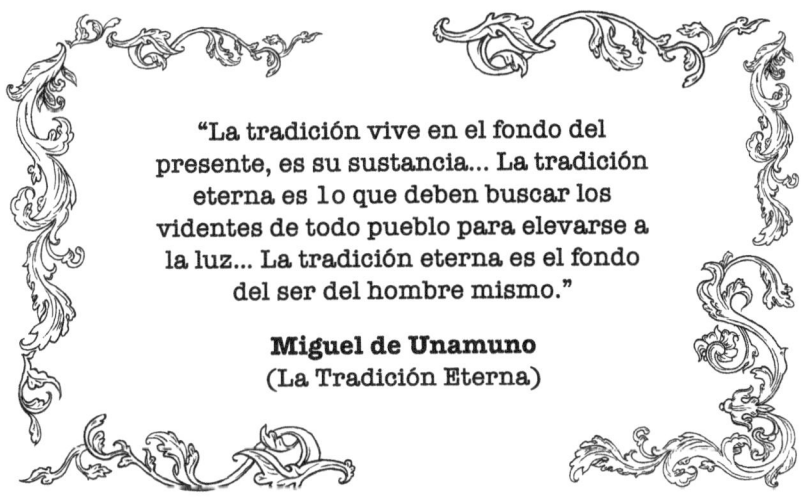

"La tradición vive en el fondo del presente, es su sustancia... La tradición eterna es lo que deben buscar los videntes de todo pueblo para elevarse a la luz... La tradición eterna es el fondo del ser del hombre mismo."

Miguel de Unamuno
(La Tradición Eterna)

451 - La tradición es la voz del pasado en nuestro presente.

452 - Así como los pueblos desarrollados han acogido la historia como "maestra de la vida" para enrumbar su progreso, también la familia que utiliza la sabiduría de sus antepasados, tiene en sus manos un precioso material para estructurar su presente y proyectar su devenir.

453 - La tradición obliga a perfilar una fisonomía familiar sobre bases ciertas.

454 - El que tiene tradición familiar debe sentirse orgulloso y debe defenderla a toda costa.

455 - La crítica destructora a que se somete a la

tradición, solo persigue el fin de romper esa ejemplar defensa que estorba a las corrientes "prostituidoras" de nuestras virtudes, y cánones morales.

456 - Conserva tu tradición para tu satisfacción personal; tápate los oídos ante la crítica banal y no olvides que en tu hogar eres soberano.

457 - No caigas en la debilidad de seguir al "montón" por temor reverencial.

458 - Sé fiel a ti mismo. Mantén con firmeza tu estilo, tu educación, tus sentimientos, tu tradición familiar.

459 - El que se burle de tu tradición, es porque él no tiene tradición.

460 - A continuación inserto el texto de la **declaración de principios** aprobada en la sesión de nuestra "mesa redonda" de 6 de junio de 1970, la cual incluimos en nuestro "estuche de recuerdos familiares":

"Esta selección de 'recuerdos' tiene un valor intrínseco para el exclusivo goce personal de los integrantes de nuestro hogar Córdova Bello Romero Sánchez. Los objetos aquí recogidos y otros ubicados en diversos sitios de nuestra casa mantienen presente en nuestro espíritu a nuestros antepasados a quienes se remiten; y los relacionados directamente con nosotros, nos sirven para revivir tiempos pretéritos de nuestro quehacer familiar, que se ha sucedido al calor del amor. Si los amigos que abran este 'estuche de recuerdos' participan de nuestros sentimientos e intenciones, nos proporcionan inmensa satisfacción; e igualmente, respetamos el parecer de los que discrepen de nuestro ideario familiar." (Este pronunciamiento, en su versión original, está firmado por los cuatro miembros de nuestra familia: papá, mamá, hijo e hija.)

461 - Satisfechos deben sentirse mis hijos de que en su hogar no haya penetrado el **snobismo*** ni el "neocolonialismo cultural".

462 - ¡Dichosos son nuestros hijos, quienes poseen un hermoso patrimonio espiritual y familiar!

XXXII
DE LA VIOLENCIA

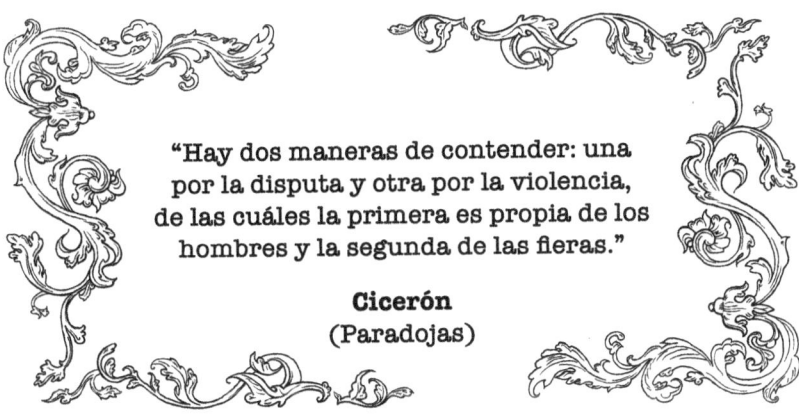

"Hay dos maneras de contender: una por la disputa y otra por la violencia, de las cuáles la primera es propia de los hombres y la segunda de las fieras."

Cicerón
(Paradojas)

463 - La violencia es impropia del espíritu amplio y comprensivo.

464 - La violencia es perjudicial a la razón.

465 - La violencia te hará perder tu derecho. La mesura te ayudará a su defensa.

466 - La violencia es un estado anormal reñido con la razón.

467 - Medita en todas las situaciones antes de actuar.

468 - La violencia conduce al hombre a la injusticia.

469 - El que usa de la violencia es porque no encuentra razón a su favor.

XXXIII
DEL CULTO A LA VERDAD

"No ocultes nada; porque el tiempo, que lo ve todo y lo oye todo, todo lo revela".

Sófocles

"La Verdad es hija del Tiempo"

Anónimo

"La verdad y la virtud son una misma cosa"

Séneca
(Epístolas morales)

"Porque nada podemos contra la verdad y la justicia, sino que todo nuestro poder es a favor de la verdad".

San Pablo
(Corintios II)

"...que donde haya error, ponga verdad..."

San Francisco de Asís

470 - Enseña a tus hijos el culto a la verdad y el rechazo a la mentira, para que sean fuertes y dignos.

471 - El que rinde culto a la verdad, jamás se contradecirá.

472 - El que rinde culto a la verdad siempre caminará por

el sendero de la rectitud.

473 - El que rinde culto a la verdad tiene en su mano la mejor y eficaz arma de defensa frente a la infamia y la calumnia.

474 - La verdad siempre aflorará victoriosa.

475 - La verdad siempre sale ilesa del lodazal de la mentira y la intriga.

476 - Si tienes la verdad en la mano, no temas ante la injuria y la calumnia.

477 - No trates de engañar a nadie, no seas tú el primer engañado.

478 - Jamás podrás ocultar la verdad ante tu propia conciencia.

479 - Con diafanidad y sencillez es más fácil que brille la verdad.

"Nunca la verdad se extingue tan de todo punto, que no deje impresas en el alma algunas ciertas señales, sin que del todo las pueda borrar la mudanza".

Séneca
(Tratados Filosóficos)

"La Verdad es la mayor diosa que la Naturaleza crió entre los mortales, y a la que dio más poder. Por más que todos se conjuren contra ella, por más que tal vez todas las probabilidades favorezcan la mentira, al cabo, yo no sé cómo, se insinúa por sí misma en el corazón del hombre, y unas veces ostentando de repente su poder, otras permaneciendo oculta por largo tiempo, al fin recobra sus fuerzas y triunfa de la mentira."

Polibio
(Historia Universal Durante
la República Romana)

"... Yo soy el camino, y la verdad, y la vida; nadie viene al Padre, sino por mí".

San Juan
(Evangelio, Vida de Jesús)

XXXIV
DEL AMOR AL TRABAJO

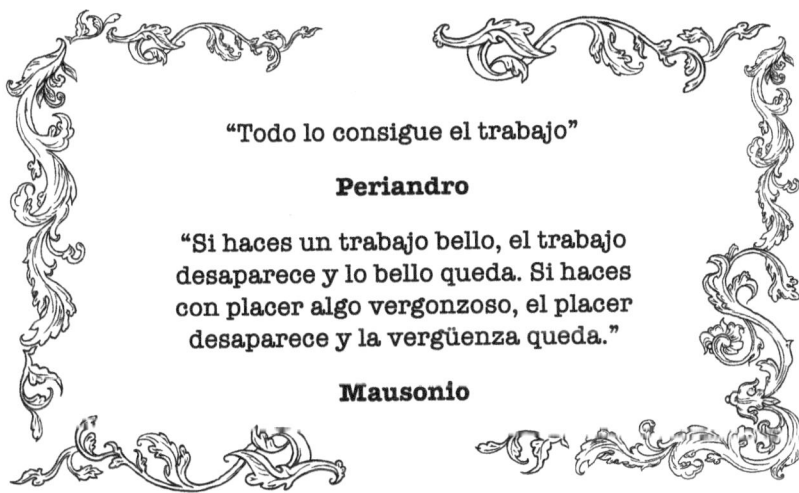

"Todo lo consigue el trabajo"

Periandro

"Si haces un trabajo bello, el trabajo desaparece y lo bello queda. Si haces con placer algo vergonzoso, el placer desaparece y la vergüenza queda."

Mausonio

480 - Como parte alícuota de la conformación de la conciencia ciudadana en tus hijos, incluye el amor al trabajo, para que sean útiles a sí mismos, a su familia y a la sociedad.

481 - El trabajo es el medio lógico que debe emplear el hombre para el logro de su subsistencia.

482 - Trabajo es toda actividad honrosa que conduzca a la producción de bienes.

483 - Tan honroso es el trabajo del médico y del intelectual, como el del mecánico y del agricultor.

484 - El trabajo se distribuye en una densa gama de actividades, que en nuestros tiempos aumenta cada vez, según las necesidades y la tecnificación.

485 - Cada cual debe sentirse orgulloso de su trabajo, según la especialidad seleccionada. Es esta la clave de la felicidad y desarrollo de los pueblos.

486 - Recomiendo a mis hijos la lectura de las obras estimulantes del trabajo de Samuel Smiles, entre ellas el *Self-Help* (**Ayúdate a Ti Mismo**). Un ejemplar de la versión al castellano lo conservo en la biblioteca casa de tu abuelito César en Caracas, obsequio suyo cuando yo tenía diez y ocho años. ¡Afortunadas enseñanzas obtuve de esa lectura!

XXXV
DE LA CAUCIÓN PERSONAL Y DEL CRÉDITO

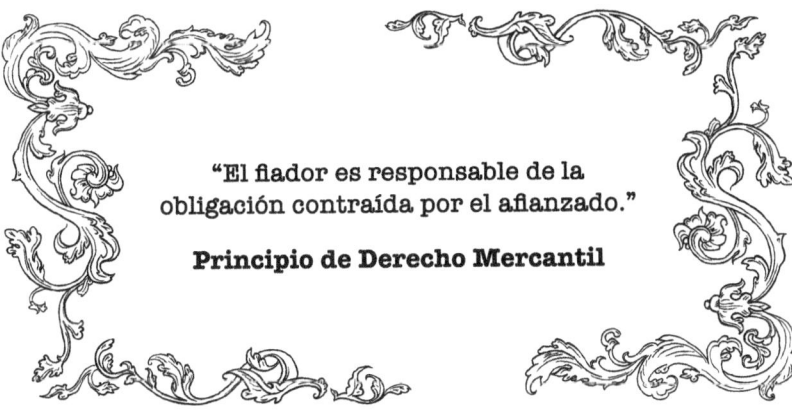

"El fiador es responsable de la obligación contraída por el afianzado."

Principio de Derecho Mercantil

487 - Dar fianza significa dar un dinero que no tienes, o hipotecar tus bienes.

488 - Es preferible dar en préstamo un dinero que se tenga y no dar fianza, porque con esta comprometes tus bienes y te obligas a hacer frente a una deuda, si el afianzado no cumple debidamente.

489 - Si no puedes recuperar el dinero que prestaste, te resignas a perderlo. En cambio, la fianza te obliga a cancelar una suma que no tienes en el presente.

490 - Las deudas mercantiles hay que cancelarlas.

491 - El que debe, paga o ruega, pero no se ofusca.

492 - Al compromiso material en sí que envuelve la deuda, se suma el compromiso del honor.

493 - Trata en lo posible de no deber, para que puedas gozar de libertad.

494 - El crédito es aceptable cuando en el curso del tiempo se le puede dar frente, según nuestras disponibilidades de producción.

495 - El crédito es peligroso cuando se hace uso de él emocionalmente. En este caso, la alegría que produce cuando se obtiene la partida, se convierte en tormento mañana.

496 - Ten conformidad y firmeza con lo que posees. Es justo que trates de mejorar, pero proponte lograr ese progreso por las vías lógicas; mas, no prenses las situaciones, para que evites contorsiones futuras.

497 - Si tienes dinero para colocar a rédito, no lo hagas a favor de viudas y huérfanos, para que te evites penas en caso de que no puedan cumplirte.

498 - Desprecia al agiotista y al avaro prestamista; y no incurras tú jamás en esas prácticas.

499 - Cuídate siempre de caer en manos de agiotistas y prestamistas inescrupulosos para que te evites problemas, a veces con ribetes de humillación.

500 - El deber disminuye la libertad del individuo y presenta un punto vulnerable de tu defensa frente al enemigo.

501 - En tus negocios de tipo comercial sé claro y reclama igual claridad de aquellos con quien comercies.

502 - "Cuentas claras conservan la amistad"... en este adagio castellano se contiene, en amplitud, la mejor **norma-base** para los negocios.

503 - El que contrae deudas hipoteca su futuro.

504 - Sobre un cálculo frío y sensato, es aceptable un tipo de deudas: ejemplo: la adquisición de una casa, para residir, por el sistema de cuotas.

505 - Si tienes capital fuerte procura encauzar tus inversiones en fuentes industriales o de comercio. Con ello te beneficias y ayudas al desarrollo del país.

506 - Evita la inversión en bienes inmuebles si su renta se deriva de alquileres de residencias familiares. Es preferible que inviertas en este renglón para vender por el sistema de cuotas, así te beneficias, y ayudas a otros a asegurar su vivienda, a que todos deben tener acceso.

507 - Con esa práctica cumples un deber cristiano y tu capital rinde una función social.

508 - Ahora bien, sí puedes hacer inversiones en bienes raíces si se destinan a obtener rentas de entidades comerciales.

509 - En materia de residencia, ten la tuya propia y nada

más. ¡Poco honra **al casero** la renta proveniente de familias usuarias de sus propiedades! Es este un principio de mi ideario social.

510 - Repudia la usura como algo indigno del caballero.

511 - No participes en negocios cuyo centro es la usura y el agiotismo, formas de la corrupción del espíritu.

512 - ¡Tu capital debe rendir siempre una función social honorable, a la vez que te derive beneficios, siempre en el juego honorable de los negocios!

XXXVI
DE LA FE Y LA ESPERANZA

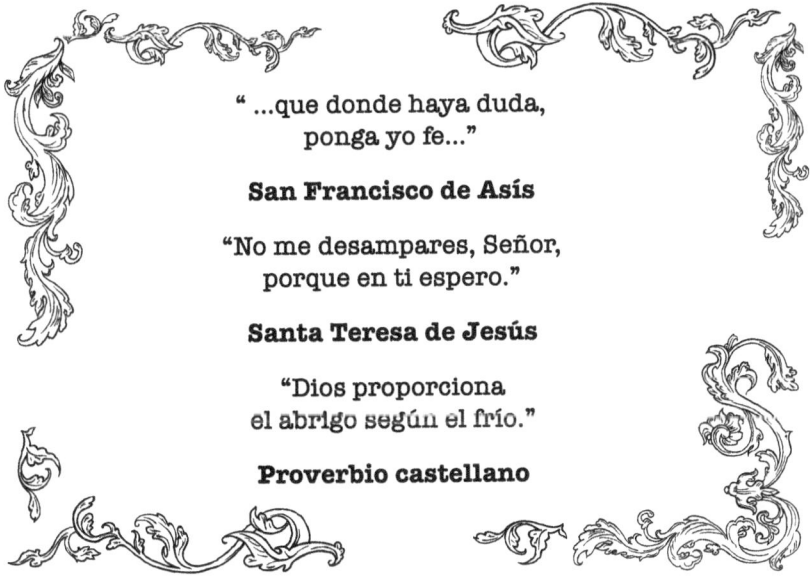

" ...que donde haya duda, ponga yo fe..."

San Francisco de Asís

"No me desampares, Señor, porque en ti espero."

Santa Teresa de Jesús

"Dios proporciona el abrigo según el frío."

Proverbio castellano

513 - La esperanza es un reflejo de la fe.

514 - El optimista tiene ganada gran parte de la lucha por la vida. El fatalista vive atormentado.

515 - La fe salva. El hombre que no tiene fe duda de sí mismo.

516 - La desesperación es fruto de la ausencia de fe.

517 - Hay que alimentar la vida con la fe y la esperanza.

"¿De qué teméis?
¡Oh hombres de poca fe!"

San Mateo
(Evangelio: Vida de Jesús)

"¿Qué hay más insensato que
atormentarse por el porvenir,
anticipar las desgracias,
acercárselas en vez de
alejarlas, si no es posible
rechazarlas."

Séneca
(Tratados Filosóficos)

XXXVII
DEL DOLOR Y EL PLACER

"Nunca el hombre que conforma con la naturaleza sus sentimientos y su razón, puede sustraerse por completo a las impresiones del dolor y el placer, ser insensible a la enfermedad y al deseo, al temor y a la cólera. Si a fuerza de energía, llegase a conseguirlo, no ganaría nada, el ánimo languidecería y se entorpecería, no agitándole ya los saludables movimientos de la sensibilidad."

Herodes Ático

Nada Te Turbe
Nada te turbe,
nada te espante.
Todo se pasa,
Dios no se muda.
La paciencia
todo le alcanza;
Quien a Dios tiene,
nada le falta:
¡Sólo Dios basta!

Santa Teresa de Jesús
(Poesías)

518 - Ante el dolor sé estoico.

519 - No vaciles en mitigar el dolor de tu prójimo. Esta es caridad cristiana.

520 - Entre los más triviales momentos de la vida encontramos la satisfacción: ¡la bondad de Dios!

521 - La vida es un complejo de placer y dolor, que debemos aceptar con resignación y prepararnos para hacer frente al dolor, sin pedernos dentro de nosotros mismos y sin ofender a Dios.

522 - ¡Paciencia ante nuestro dolor físico!

523 - ¡Resignación y conformidad ante nuestro dolor espiritual!

XXXVIII
DEL ALCOHOL Y LAS DROGAS

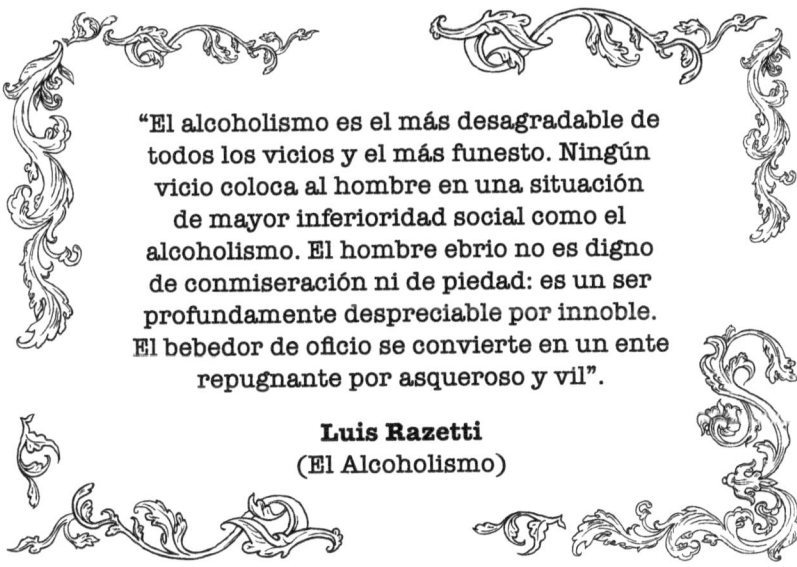

"El alcoholismo es el más desagradable de todos los vicios y el más funesto. Ningún vicio coloca al hombre en una situación de mayor inferioridad social como el alcoholismo. El hombre ebrio no es digno de conmiseración ni de piedad: es un ser profundamente despreciable por innoble. El bebedor de oficio se convierte en un ente repugnante por asqueroso y vil".

Luis Razetti
(El Alcoholismo)

524 - Los excesos del alcohol son nocivos en todo sentido al hombre.

525 - En los órdenes, mental y moral, le colocan en un nivel más cercano del irracional.

526 - En el aspecto biológico, los efectos, consecuencias, resultados y estragos son degenerativos. El hijo Leopoldo, médico en proceso de formación, bien conoce de esta materia.

527 - El beodo pierde la personalidad y se coloca en un plano triste que se desplaza de lo bufo a lo sarcástico.

528 - Ten compasión del alcoholizado y del drogómano*. ¡Evita no caer jamás en ese deprimente predicamento!

529 - No permitas que en tu hogar, tus amigos y visitantes, hagan excesivo uso de las bebidas alcohólicas y espirituosas.

530 - La embriaguez es la autocaricatura* del hombre.

531 - Digno de la mayor compasión es el nauseabundo alcohólico o drogómano*, a quien la degeneración convierte en ex-hombre.

532 - El estado de embriaguez deja al descubierto en el individuo sus sentimientos. En ese momento se conoce su grado de decencia.

533 - Cuando alguien en estado de embriaguez te ofenda, ni siquiera le refutes, porque ese individuo, en ese momento, de hombre se ha convertido en **homúnculo**.

534 - Es costumbre muy arraigada en Venezuela que el hombre recurra al licor - y hoy se generaliza el malhadado uso de las drogas - para ahogar sus penas, aumentar su alegría o "tomar bríos" para emprender alguna empresa. ¡No incurras jamás en esta práctica que demuestra inferioridad y debilidad de carácter!

535 - En oportunidades, muchos hombres ingieren bebidas alcohólicas para "cobrar" a alguien una

cuenta pendiente, o injuriar a una dama. Estos individuos merecen la más dura sanción, pero aplicable en su estado de normalidad.

536 - En las **fiestas tumultuarias** es muy fácil tropezar con ebrios impertinentes y a veces peligrosos. Evítalos.

537 - Te recomiendo muy especialmente, en base a la experiencia que he vivido, que, en las fiestas te reduzcas en **grupos exclusivos** con tu novia, hoy, tu esposa, mañana tu hermana, tu amiga, y compartas con amigos selectos lo agradable del momento. Evita las células de varones que se dedican a tomar.

538 - Te recomiendo tengas mucha serenidad frente a los ebrios impertinentes y mayor debe ser tu cuidado cuando te encuentres en compañía de damas.

539 - Con tu serenidad podrás evitar desagradables y sensibles desenlaces.

540 - Entre esos ebrios y pendencieros podrás encontrar amigos tuyos, a quienes el licor les produce desagradables efectos.

541 - Con amigos, a quienes el licor les produce efectos belicosos, no te reúnas en fiesta, y mucho menos si estás acompañado de damas, porque corres el riesgo de verte comprometido en desagradables o difíciles situaciones.

542 - En la Venezuela actual, electrizada del politicismo subdesarrollado y morboso, más se recarga la atmosfera de las fiestas, porque, cuando se cruzan pasión política y pasión alcohólica, el panorama **es negro**. Evita estos momentos, y serás feliz.

543 - En las fiestas tumultuarias, es muy conveniente, por las razones expuestas y otras, no permanecer mucho tiempo.

544 - Recomiendo a mi hijo abstenerse de participar en las fiestas de esas "peñas" de amigotes que se dedican a rondar por el "bar" y separados de sus novias o esposas ofrecen el triste espectáculo de **hombres solos** por allá y **mujeres solas** por aquí.

545 - Es esa una reprobable conducta de los hombres, que, además de calificarles muy mal, encierra una falta de consideración y estimación a su dama. ¡Esa práctica no es de caballero!

546 - A las fiestas no debe asistirse con el premeditado fin de embriagarse. ¡Es triste esta realidad venezolana!

547 - El que busca la embriaguez como única expresión de la diversión, está equivocado.

548 - El que se aficiona a las bebidas alcohólicas indiscriminadamente, tiene al descubierto un flanco frente a sus enemigos, de la índole que fueren éstos.

549 - El hombre sensato debe usar de las bebidas

alcohólicas en la medida lógica sin pisar jamás los predios del exceso.

550 - El aficionado a la bebida, siempre tendrá quien le acompañe a tomar: gratuitamente le caen los especuladores y aduladores.

551 - En nuestro tiempo presente hace irrupción en Venezuela, el uso de las drogas, como algo novedoso. Creen muchos que ellos están descubriendo el mundo. ¡Desdichados!

552 - A esta práctica, repudiada por generaciones anteriores, se suma hoy la falsa postura, sostenida por algunos intelectuales de mentalidad enfermiza, o que siguen cálculos muy bien medidos, de querer atribuir una mística que no existe a la embriaguez de la droga.

553 - Se habla hoy "del mensaje de esa juventud rebelde... ", "del reto que al mundo lanzan estos valientes jóvenes..." ¡Nada de eso es cierto! ¡Solo se trata de una juventud estúpida, que vive a espaldas de la Historia!, y de allí sus errores.

554 - ¿Cuál puede ser el mensaje de una mente enferma, degenerada, destrozada por los efectos funestos de las drogas? ¿Cuál es la fórmula de redencion para la humanidad que puede surgir de ese estado de caos que representan estos drogómano* morbosos?

555 - Me he formado un criterio sobre el caso, después

de profundas reflexiones y apreciaciones: detrás de todo esto hay un **supercerebro**, enemigo decidido de nuestra cultura, que se vale de este medio degenerativo para lograr sus fines programáticos.

556 - El cerebro director de este oprobio es el comunismo internacional. Hay a la vista un signo muy elocuente: ¡En los países socialistas se persigue y castiga con la muerte el tráfico y uso de las drogas!

557 - Recomiendo a mis hijos no se dejen marear con esos cantos de sirenas. No comulguen con ruedas de molino. Y tengan siempre presente las prédicas de sus padres.

558 - ¡En buena hora mis hijos tienen clara y distinta la idea sobre este tema de actualidad venezolana!

"Aconsejaba Platón a los embriagados que se mirasen al espejo y así se abstendrían de vicio tan feo."

Laercio
(Vidas de Filósofos)

"Anacarsis Leita decía que la copa lleva tres racimos: el primero, de gusto; el segundo, de embriaguez; y el tercero, de disgusto. Y preguntado de qué forma se haría abstemio, o, aguado, respondió: Mirando los torpes gestos de los borrachos."

Laercio
(Vidas de Filósofos)

XXXIX
DE LA TRAICIÓN Y LA PERFIDIA

"Las primeras víctimas de las infames ventas de los traidores, son ellos mismos"

Demóstenes

"Nadie está obligado a dar fe a los traidores"

Tito Livio
(Décadas de la Historia Romana)

"Ningunos honores y beneficios son bastantes a domesticar la perfidia"

Arriano
(Historia de las Expediciones de Alejandro)

559 - La traición es la antípoda de la lealtad.

560 - La perfidia, hermana gemela de la traición, es contraria a la fidelidad.

561 - El traidor es despreciado, incluso por el que se beneficia de su perfidia.

562 - Ejemplar es la enseñanza del refrán castellano: "La traición aplace, mas no el que la hace".

563 - Y no menos elocuente es el siguiente: "A un traidor, dos alevosos", con lo cual se demuestra que el traidor no es acreedor a que se le guarde fe.

564 - Tan indigno es el traidor como el que se aprovecha de su perfidia.

565 - Traidor y beneficiario de la traición son dos entes corrompidos.

566 - "Más vale amenaza de necio que abrazo de traidor"; este refrán del rico acervo castellano, nos enseña la magnitud del peligro que encierra el zalamero, a la vez que artero traidor, al lado de la bravuconada del necio despreciable.

567 - El primer traidor fue Caín, quien condujo a su hermano Abel al campo y le dio artera muerte. (Sagradas Escrituras).

568 - Otro traidor de alto relieve es Judas Iscariote, quien vendió a su Maestro por treinta míseras monedas. (Nuevo Testamento).

569 - La Historia es rica en traiciones y traidores, que demuestra, hasta la saciedad, la bajeza humana.

570 - En el largo recorrido de la historia apreciamos cómo el hombre no se ha elevado sobre sí mismo hasta superar la vileza y colocarse, como ser superior en la escala zoológica, con la fuerza de su razón y sobre el pedestal de los valores espirituales.

571 - Hijos: aborrezcan, en todo momento, al traidor y jamás hagan uso de su traición para el logro de cualquier fin y objetivo.

"No profane mi palacio
un fementido traidor,
que contra su Rey combate
y que a su Patria vendió."

....

Duque de Rivas
(Un Castellano Leal)

Relata el Duque de Rivas el repudio del Conde de Benavente al traidor Condestable de Borbón, primo del Rey Francisco I de Francia, vendido a Carlos I de España.

XL
DE LA SUPERSTICIÓN

"La superstición representa, en general, complejos mentales antiquísimos, de prejuicios, deseos, observaciones insuficientes, asociaciones prematuramente admitidas, transmitidas y fijadas por herencia en los estratos más profundos de la psiquis. De aquí su poder en las bajas clases sociales, y aún en individuos de cultura relativa y hasta elevada, pues no es dable inhibir enteramente el peor del largo pasado, la historia humana entera, que pesa sobre cada cuál, en la conversión y paralelismo de lo filogénico con lo ontogénico, esto es, de lo propio de toda la especie con lo personal del individuo".

Bernardo de Quirós
(Opus Philosophicum. Selectas Diputationes Theologicae de Deo)

572 - Es superstición las creencias extrañas a la fe religiosa y contrarias a la razón.

573 - Es tan aguda la superstición, aún en personas cultas, que raya en la ridiculez.

574 - La superstición es una excreción de los tiempos primitivos, del remoto paleolítico, de los albores de la prehistoria, que injustificadamente superviven en nuestra sociedad actual.

575 - Esas sobrevivencias de creencias y prácticas propias de la sociedad primitiva, en sus variadas expresiones de brujería, adivinaciones, vampirismo, hechizos, etc. etc., son impropias del hombre culto.

576 - Como muchas de esas despreciables prácticas ligan ciertas fórmulas religiosas, en un todo híbrido audaz, es menester permanecer alertas para no caer en esas falsedades.

577 - Una serie de charlatanes, especuladores y embaucadores de ambos sexos, muchos de los cuáles hábilmente se califican de **profesores** de variadas y supuestas escuelas, que ejercen la **superchería** en sus diversas expresiones, son el azote de los incautos incultos o inexpertos y candorosos, carentes de sólidos conocimientos de su religión.

578 - Impresiona apreciar como esas reacciones del pasado inculto, señorean hoy con carácter de epidemia.

579 - El individuo que se entrega en las manos de esos "sabios" del embeleco y el fraude, corre el riesgo de ser **chantajeado** miserablemente.

580 - Puede el individuo ser fácil presa de sus enemigos a través de esos intrigantes hechiceros, quirománticos, cartománticos, videntes, quienes se venden a aquellos y ejecutan toda suerte de fechorías, que incluye hasta el crimen.

581 - Desde muy antiguo ha habido quienes han pretendido dar a la superstición, en sus diversas expresiones, un ropaje científico. Desde el siglo XVI se agudiza esta tendencia.

582 - En la centuria del XVI hace eco en la materia de la adivinación el astrólogo francés Nostradamus. En la del XVIII uno de los charlatanes más audaces y embelecador: Cagliostro, acogido, como Nostradamus, con beneplácito en las cortes europeas.

583 - Hoy abundan quienes tratan de imponer a los incautos e ignorantes todas esas prácticas, dizque **desde una base científica**. ¡Falsa de toda falsedad es esta especie!

584- Menudean las escuelas y los órdenes de dependencia o procedencia que se atribuyen, muchas ya trajinadas y arrumbadas en el desván de trastos viejos de la historia.

585 - A mera información me permito mencionar algunos de esos focos de embelecos: Zalen, Cidre, Caph, Parachis, Nason, Syna, Absón, Enón, Oreb, Duzón, Cother, Jhoas.

586 - Y hay también los grupos supeditados a espíritus: Zoroastro, Tetis, Vulcano, Júpiter. Y, de repente surge un "taimado" criollo, más audaz que los otros en la pillería, y atribuye a Guaicaipuro la rectoría de su "estudio" o "taller".

587 - He observado en nuestra juventud caraqueña de nuestros días una cierta **electrización** en torno a esta materia. ¡Qué mengua! Esos "nuevos ricos" de la superstición, creen en la superioridad de una pseudociencia alimentada y especulada por sagaces charlatanes.

588 - Personalmente oí a un grupo de niñas de nuestra burguesía intercambiar sus experiencias: "el brujo del tabaco" es "chévere"; "pero más chévere es la **profesora** (?) del globo mágico"; "mentira: mucho mejor es la del pizarrón del Zodíaco". "¿Y la que echa las cartas en el edificio tal?. " ¡No conocen ustedes al que me leyó la mano hasta más arriba de la muñeca ... me dijo **cosas tan verdaderas** que me bañé en sudor". "La profesora del **tablero fluorescente** es una maravilla... lo malo es que los **perfumes para atraer**, preparados por ella, con gotas de "corneciervo" y "quiéreme bien" son muy **pestilentes** y llaman la atención a leguas... "... La francesa de Bello Monte da un líquido para el baño, mucho mejor que el perfume, porque no deja mal olor... Y, aunque es bastante "carera" le pagué ciento cincuenta bolívares es cheverísima. ¡A la segunda aplicación del baño fulanito se contentó conmigo!" ¿...?

589 - Invito a mis hijos a meditar sobre esta antología de expresiones que exhiben la más supina inferioridad y pobreza de espíritu. ¡Qué escarnio! ¡Cuánta pobreza de espíritu hay en todo esto! Son dignas de nuestro desprecio.

590 - En estos recientes tiempos dio unas representaciones en Caracas el Padre Jesuita

español González Quevedo, bajo el mote de **Parasicología**, con la intención muy noble de contradecir y derrumbar la fuerza de la superstición manejada por los charlatanes de oficio.

591 - Desgraciadamente, los efectos de sus prédicas repercutieron en sentido contrario a los fines perseguidos por su autor: ¡la superstición se ha incrementado en Caracas! y los agentes de la brujería, la adivinación, los hechizos, etc., han tenido en el padre **parasicólogo** su más eficaz propagandista gratuito.

592 - En parte atribuyo estos contrarios efectos al propio **expositor de la Parasicología**, quien demostró en todo momento excesiva **autosuficiencia, sectarismo, autoritarismo y pedantería**, lo que contribuyó a estimular, en los ya iniciados en las prácticas de la superstición, el interés y la curiosidad en los jóvenes **no activistas** de la misma. El **parasicólogo**, en ciertos aspectos, resultó tan charlatán como los embelecadores agentes de la superstición. ¡Es sensible este malhadado resultado!

593 - Extremen mis hijos el cuidado en esta delicada materia y no se dejen arrastrar por las referencias de amigos y amiguitas deslizadas por este despeñadero de la ignorancia.

594 - No olviden mis hijos que los venezolanos son muy dados a convencer **por las buenas** o **por la fuerza**. ¡Alertas deben permanecer frente a esos apologistas de los **profesores** de la suerte, del porvenir, de la

adivinación, de la hipnosis!

595 - Deben aborrecer la superstición en todas sus manifestaciones. Este morbo extravía al hombre, al igual de las drogas.

596 - ¡Satisfecho estoy de mis hijos! Y en la materia que trato sé que tienen formado sólido criterio de su falsedad.

597 - ¡No hagan jamás el ridículo creyendo o practicando tantas cursilerías que ofrecen los brujos, hechiceros, adivinadores, quirománticos, cartománticos, videntes...

598 - Véanse en el espejo de ruindad e inferioridad que representa la antología de experiencias de las niñas, conocidas de ustedes, que recojo en el numeral 588.

599 - Rechacen la superstición y desconfíen de aquellos que se entregan a sus prácticas.

600 - Las prácticas de la superstición, en cualquiera de sus expresiones, de brujería, hechizos, etc., son perjudiciales para el espíritu y también pueden atentar contra la salud, por la aplicación de las inmundicias, que el fanatismo y la ignorancia de sus agentes produce.

601 - Esos hábiles charlatanes utilizan para sus fines, y tuercen su contenido científico, muchos recursos disciplinados dentro de este canon, tal el caso de la **hipnosis**. ¡No se dejen confundir!

XLI
DE LAS PASIONES

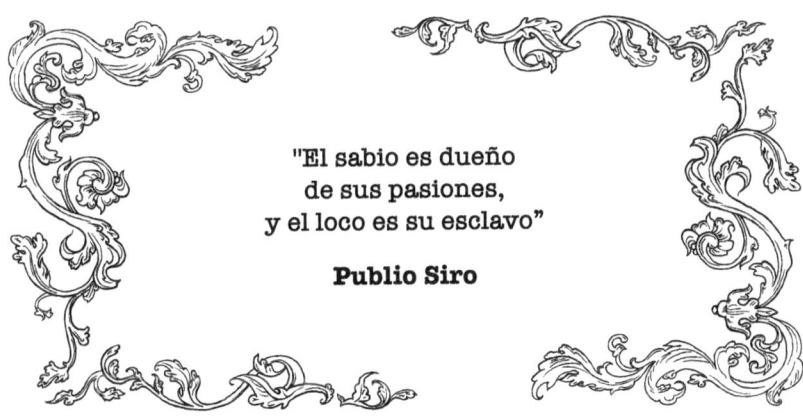

"El sabio es dueño
de sus pasiones,
y el loco es su esclavo"

Publio Siro

602- Este capítulo de **las pasiones** reclama un tratamiento especial. Lo complejo de la materia, lo confuso de las definiciones que se les ha dado y lo amplio de su radio de acción, obligan a algunas explicaciones ilustrativas sobre el tema, para mejor proveer su desarrollo, en estas breves notas para mis hijos, y facilitar su comprensión.

603 - En psicología se establecen los siguientes aspectos en el estudio de las pasiones: a) su naturaleza, b) su clasificación, c) su localización, d) sus causas, e) sus efectos, f) sus remedios.

604 - Muy difícil resulta unificar el concepto o definición de las pasiones, según las conciben los diferentes autores, tratadistas etc., tradicionales y modernos.

605 - En ese **muestrario** de definiciones encontramos obscuridad, simplezas, sinuosidades, paradojas notables, criterios muy curiosos, etc.

606 - Aristóteles en su Moral a Nicómaco explica: "Llamo pasión o atención, al deseo, a la cólera, al amor, al atrevimiento, a la envidia, a la alegría, la amistad, al odio, al pesar, a la lástima,... en una palabra, a todos los sentimientos que llevan consigo pena o placer".

607 - Para Condillac y Hegel "la pasión es una tendencia de cierta duración, acompañada de estados afectivos e intelectuales - en particular de imágenes - y bastante poderosa para dominar la vida del espíritu".

608 - Kant dice que "las pasiones son tendencias que hacen difícil e imposible toda determinación de la voluntad por principios, ... es como un torrente que se hunde más y más en su cauce, ... es como un delirio que fermenta a una idea, la cual arraiga cada vez más profundamente."

609 - Para Bossuet "es un movimiento del alma que impresionada por el placer o por el dolor, sentidos o imaginados, en un objeto lo persigue o se aleja de él".

610 - Lahr considera que la pasión "es un movimiento impetuoso del alma, exaltado por la imaginación y transformado en costumbre, que la lleva hacia un objeto o la separa de él, según que vea en ese objeto una fuente de placer o de dolor". Coincide la concepción del Padre Lahr, en mucho, con la de Bossuet.

611 - Santo Tomás piensa que "las pasiones abren los actos del apetito sensitivo en cuanto tienen anexa

una inmutación corpórea".

612 - Para Eduardo Hugón "la pasión es un movimiento del apetito sensitivo, procedente de la imaginación del bien o del mal y que se da juntamente con alguna inmutación corpórea, principalmente en el cerebro y en el corazón". Sigue el esquema del Doctor Angélico.

613 - Según Donat "las pasiones son inclinaciones habituales, vehementes, y por lo tanto, perturban la razón hacia aquellas cosas que se oponen a la ley moral".

614 - Goblot, en su *Vocabulaire Philosophique*, asienta: "... hoy se llama pasión a un estado especial y anormal de la sensibilidad; se dice que se halla caracterizado ordinariamente por la ruptura del equilibrio mental, y se considera la cólera como el tipo de todas las pasiones."

615 - El Padre Vicente Molina deslinda el problema al explicar en qué difieren la pasión de la tendencia y la emoción. Y explica también en qué sentido interpretan los antiguos y los modernos el vocablo pasión. Dejo la palabra al Padre Molina:

616 - "A cualquier movimiento del apetito sensitivo, llamaron los antiguos pasión, palabra que en este sentido casi ha desaparecido del vocabulario psicológico contemporáneo, sobre todo tratándose de la psicología empírica; con todo, si atendemos al modo de hablar de los psicólogos modernos, notaremos que a todos los movimientos del apetito

conocidos por los escolásticos antiguos con el nombre de pasión, llaman éstos en general tendencias, que podemos dividir en **tendencias propiamente dichas**, en **emociones** y en **pasiones**."

617 - Sigue Molina : "Al primer grupo pertenecen los movimientos del apetito que se encaminan a la prosecución o a la aversión del objeto conocido, bueno o malo, como son los que a los manjares sienten los brutos; pero cuando, como sucede a veces, las tendencias, tanto las naturales como las adquiridas por educación, se desordenan y adquieren modalidad diferente, entonces según la especie tendrá lugar una pasión o una emoción propiamente dicha, y que suelen decir que es una **tendencia que ni está ordenada a la unión con el bien ni a la separación del mal que se conoce, y que se manifiesta interiormente por sensaciones cenestésicas relativamente intensas, y, además, por cierta mímica característica**".

618 - Y continúa Molina: "Muy diferente de éste es el desorden propio de la pasión; también es tendencia desordenada, pero su desorden no está precisamente en no dirigirse al objeto conocido, sino por el contrario, en ir hacia él habitualmente y con tanta vehemencia e ímpetu que llega a turbar el régimen de las demás tendencias del sujeto y aún a monopolizar, por decirlo así, todas las energías del mismo. Como es fácil de ver, la pasión en este sentido, ni es obra de la naturaleza dejada a sí misma, ni es en el hombre innata, sino necesariamente adquirida por influjo de

facultades superiores".

619 - En su sentido amplio pasivo, significa cualquier fenómeno de la vida afectiva. En su acepción propia se define como una inclinación exagerada y pervertida.

620 - Ribot, después de considerar la fuerza de la pasión, su forma crónica, su despotismo y su tiranía, dice que "la pasión es como un manantial constante de emociones diversas... que al explotar llega al paroxismo... "

621 - Pero no es admisible que la "emoción intensa y permanente sea como la pasión". Ejemplo: el miedo, la tristeza, estados emotivos, no son pasiones.

622 - Kant hace una diferenciación entre los campos **afectivo** y **apetitivo**, es decir "entre **la aptitud** para la excitabilidad y para experimentar placeres y dolores intensos y permanentes, y **el ardor, la impetuosidad, el arrebato y la violencia** con qué se tiende a un fin determinado". Y concluye: "la emoción pertenece a **la afectividad** y la pasión a **la apetición**".

623 - La sola inclinación latente o desarrollada en el individuo no marca su carácter de pasión hasta que explota impetuosamente, intensamente, vehementemente y arrastra al sujeto hasta dominarle y hacerlo su esclavo y lanzarle hacia el objeto apetecido... sin reparar en obstáculos. ¡El hombre se convierte en un volcán en erupción!

624 - Todo lo olvida, se le obnubila la mente. Su inteligencia torna más luminosa, pero dirigida fijamente, en vehemencia, hacia el objeto apetecido.

625 - Bajo esta fuerte acción el hombre pierde los dones de la prudencia, la reflexión, la mesura, "se incapacita para comprender y ver miles evidencias. "Se obceca, se obstina. ¡El hombre se convierte en una mole, ante la cual se estrella toda razón!

626 - El estado pasional intenso es un verdadero torbellino, que sacrifica en su provecho todas las demás tendencias... y arrolla al individuo con todos sus atributos afectivos e intelectuales, - intervenidos estos por su fuerza - hacia el objeto, del cual hace **el centro** de su vida. ¡En este grado el hombre está más cerca del estado de demencia...!

627 - En la clasificación de las pasiones no hay acuerdo en los tratadistas. Se aprecia una cierta anarquía. He aquí algunos de esos esquemas, según su efecto: **alegres** y **tristes**, **benévolas** y **malévolas**. Según su objeto: **nobles** y **bajas**.

628 - Los estoicos reconocen sólo cuatro: gozo, tristeza, esperanza y temor.

629 - Descartes, con quien coincide Malebranche, enumera seis: admiración, amor, odio, deseo, alegría y tristeza.

630 - Spinoza da como derivadas del deseo a la alegría y la tristeza.

631 - Bossuet supedita todas las pasiones al odio y el amor, dando preeminencia al segundo, y argumenta: "el odio a cualquier objeto procede del amor que se tiene a otro".

632 - Aristóteles las agrupa en dos grandes familias: a) "aquellas en que predomina el placer, tales: el amor, la audacia y la benevolencia; "b) "las supeditadas al dolor: la cólera, el odio, el temor, la lástima, la envidia, la vergüenza, la indignación y los celos".

633 - Bain enumera doce.

634 - Hume las clasifica en **directas**: deseo, aversión, tristeza, gozo, esperanza, desesperación, seguridad, temor; **indirectas**: soberbia, humildad, ambición, vanidad, amor, odio, envidia, misericordia, malicia, liberalidad, etc.

635 - El Padre Janet enumera seis pasiones fundamentales, de las cuáles hace derivar todas las demás.

636 - Comte, Taine y Littré introducen un nuevo criterio apreciador. Comparten las pasiones en **altruistas** y **egoístas**.

637 - Spencer adiciona al esquema Comte-Taine-Littré una tercera gama: las pasiones **egoaltruistas**, que explica: "...son **egoístas** por el placer que producen al sujeto, y **altruistas** por el beneficio que derivan al objeto.

638 - El esquema tradicional distingue dos tipos de pasiones: a) las **concupiscibles**, que se dirigen a alcanzar las cosas que son convenientes al sentido y a rechazar las que le son nocivas; b) las **irascibles**, "... que resisten a lo que se le opone y conviene".

639 - En la clasificación clásica, las pasiones elementales son once que dan origen a las restantes, las cuales, por sus objetos específicos, resultan numerosas.

640 - En ese orden **el AMOR** es la pasión madre, que produce **el ODIO** al mal. Cuando el bien que se ama está ausente, nace **el DESEO**; opuesto a este es **la AVERSIÓN** al mal, que se manifiesta con **la FUGA** de él. Si el bien está presente, también lo está **el GOZO**, que es la expresión del placer. A éstos corresponden: **la TRISTEZA**, expresión del dolor por el mal presente. Si el bien deseado es difícil de alcanzar, surge **la ESPERANZA**, que es opuesta a **la DESESPERACIÓN**. Si el mal es difícil de vencer se manifiesta **el TEMOR**, al que se opone **la AUDACIA**, que remata con **la IRA** o cólera, que impulsa la venganza.

641- Para su mejor comprensión, paso a presentarles, en cuadros explicativos, la cadena de las pasiones fundamentales concupiscibles, irascibles y según su oposición y movimiento.

642 - **ESQUEMA DE LAS PASIONES CONCUPISCIBLES**:

AMOR: complacencia, inclinación hacia el bien

simplemente aprehendido.

ODIO: antipatía hacia el mal, aversión al mal simplemente aprehendido.

DESEO: movimiento hacia el bien aprehendido como ausente, pero futuro.

FUGA: apartamiento del mal, aprehendido como ausente, pero futuro.

GOZO: deleite, descanso en el bien poseído.

TRISTEZA: movimiento de desaliento por la presencia del mal que actualmente sobreviene.

643 - **ESQUEMA DE LAS PASIONES IRASCIBLES**:

ESPERANZA: movimiento hacia el bien arduo, ausente, posible de alcanzarse.

DESESPERACIÓN: alejamiento del bien arduo, ausente, imposible, de alcanzar.

AUDACIA: movimiento hacia el mal arduo, inminente, superable.

TEMOR: movimiento de abatimiento por el mal arduo, inminente e inevitable.

IRA: movimiento a vengarse, esto es, a dañar a la causa del mal.

644 - ESQUEMA DE LAS PASIONES SEGÚN SU OPOSICIÓN DE PARTE DEL OBJETO

AMOR y **ODIO**: se oponen acerca del bien y del mal, simplemente aprehendidos.

DESEO y **FUGA**: se oponen sobre el bien y el mal, aprehendidos como ausentes, pero futuros.

GOZO y **TRISTEZA**: se oponen sobre el bien y el mal, actualmente presentes.

ESPERANZA y **TEMOR**: se oponen acerca del bien y del mal, actualmente arduos.

645 - ESQUEMA DE LAS PASIONES SEGÚN SU MOVIMIENTO

ESPERANZA: es el movimiento o acceso hacia el bien arduo.

DESESPERACION: es alejamiento del bien arduo.

AUDACIA: es acceso al mal terrible.

TEMOR: es alejamiento del mal terrible.

646 - Con relación a la localización de las pasiones, es aún hoy materia de discusión. Bien podríamos elaborar una antología de conceptos: que su origen es diverso

y secundario según el objeto a que se dirigen, que son orgánicas, que están repartidas en todo el cuerpo, que su centro es el sistema nervioso y no el corazón, aunque en éste repercuten todas. Los doctores Surbled y Courmont, entre otros, sostienen que el órgano de las pasiones es el cerebro.

647 - **Causas**: Stendhal distingue dos modos de formación de las pasiones: a) lento y progresivo, que denomina **cristalización**; b) la volcánica, que llama **relámpago**.

648 - Siguen otros muchos modos. Mas, es cierto que la pasión se alimenta de su objeto, bien sea por la satisfacción real, ora para la **satisfacción ideal** o medio contemplativo.

649 - Las causas pueden ser internas: voluntad e imaginación; externas: el mismo organismo y el influjo moral.

650 - Los efectos de la pasión son variadísimos y las consecuencias también, que se desplazan de lo terrible a lo fatal. La pasión paraliza la voluntad, "saca al individuo de sí mismo."

651 - En el orden fisiológico produce transformaciones en el organismo, que pueden concluir en el infarto o el derrame cerebral. Hace del hombre su esclavo. Le envilece.

652 **Remedios** para que no se desarrollen o para reprimirlas. El placer o la aversión hacia un objeto

no dependen de la voluntad, pero sí dependen de este el resistir o ceder y evitar que aquellos impulsos se conviertan en "movimiento vicioso".

653 - Si se advierte que el impulso personal ha tomado cuerpo, es menester apelar a otros remedios, tales como frenar la imaginación; evitar todo aquello que pudiera estimular la pasión (lecturas, películas, ciertas conversaciones, reuniones con ciertas personas), y, como medida esencial: lograr la ausencia del objeto que, real o idealmente, nutre la pasión.

654 - Este paso debe darse **con decisión**, porque la pasión trata de avasallar todas las facultades del individuo. Y si no se procede con táctica adecuada, los resultados pueden ser inciertos y tal vez contraproducentes, y resulte el individuo vencido y humillado por su pasión. En este caso surtiría su efecto la enseñanza de este refrán popular: "la ausencia es aire, que apaga el fuego chico y enciende el grande".

655 - La pasión, como las drogas, surte un efecto funesto en el individuo, si no las reprime y vence a tiempo: ¡la pérdida de la voluntad!

656 - Aprende a dominar tus pasiones.

657 - Cuando las pasiones se apoderan del hombre, le convierten en fiera.

658 - El hombre dominado por las pasiones se coloca en posición desventajosa frente a los demás.

659 - El hombre dominado por las pasiones está propenso a perder sus derechos.

660 - El hombre presa de pasiones está propenso a incurrir en injusticia.

661 - El hombre apasionado está imposibilitado para apreciar con justicia muchas situaciones de la vida.

662 - Dominar y someter las pasiones demuestra superioridad de espíritu del individuo.

663 - Cuídate de arrebatos pasionales en tus relaciones con tus seres queridos, porque puedes echar por tierra, en un minuto de pasión colérica, toda una vida.

664 - Una mente equilibrada por la sindéresis y la mesura, demuestra normalidad plena.

665 - Una mente ofuscada por la pasión, en que la sindéresis y la mesura son las primeras víctimas, demuestra un estado anormal de los más perjudiciales.

666 Si ejerces funciones ejecutivas y de mando, es más delicada la situación. ¡Debes evitar, en todo momento, incurrir en pasiones!

667 - El arrepentimiento por los excesos de la pasión es

tan desgarrador como la pasión misma.

668 - Para mí es sabio aquel que no se deja arrastrar por las pasiones.

669 - Las consecuencias de los arrebatos pasionales son tan tristes que al mismo actor le hace víctima.

670 - Los arrebatos pasionales y sus consecuencias incapacitan al individuo para defenderse.

671 - E, igualmente, colocan en muy difícil situación a sus seres queridos para enfrentar su defensa.

672 - El hombre civilizado y culto tiene en sus manos todos los recursos para resistir a las pasiones.

673 - El hombre civilizado y culto que cae en el torbellino de las pasiones, ha perdido su condición de ser racional pulido por los bienes de la cultura.

674 - El hombre, como ser racional y con más razón si es culto, debe meditar ante todas las situaciones que se le presenten en la vida.

675 - El hombre que ama la libertad debe cuidarse de perder esta para convertirse en esclavo de las pasiones.

676 - Pasiones y vicios esclavizan y tiranizan al hombre.

677 - No es concebible que un hombre culto acepte la tiranía de las pasiones.

678 - El despotismo de las pasiones y los vicios es la peor férula que puede soportar un hombre.

679 - El hombre que cede a las pasiones y sus vicios, con la fuerza avasalladora de estos, ha renunciado a su elevada condición de ser racional.

680 - ¡La mayor gloria del hombre consiste en vencerse a sí mismo!

681 - ¡La mayor gloria del hombre es vivir y morir libre!

682 - Hijos míos: ¡rechacen toda dictadura, incluida la tiranía de las pasiones!

"Debemos tener por mala y equivocada opinión aquella de los peripatéticos, que afirman que las pasiones son necesarias al alma, con tal que haya en ellas cierta moderación, se les impongan ciertos límites que no les sea lícito traspasar".

Cicerón
(Cuestiones Tusculanas)

XLII
DE LA MUERTE

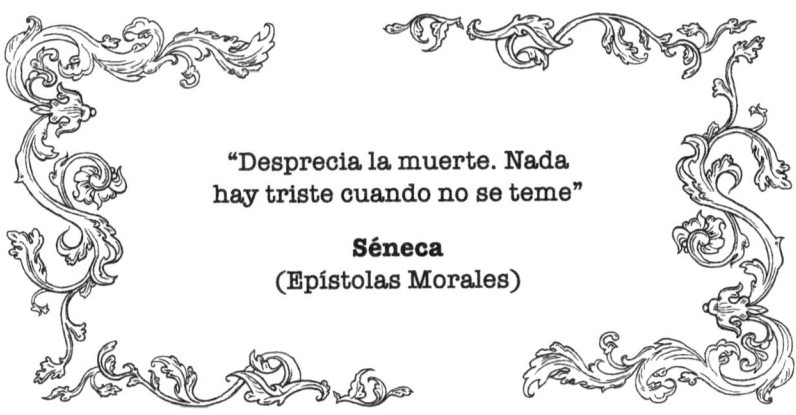

"Desprecia la muerte. Nada hay triste cuando no se teme"

Séneca
(Epístolas Morales)

683 Como la vida y la muerte caminan de brazos, procura estar siempre en paz con Dios.

684 - No temas a la muerte; teme más a un vivir sin Dios y sin humanidad.

685 - Es hermoso morir con buena reputación. Es oprobioso vivir con deshonra.

686 - **"Un bel morire tutta la vita onora"**. La filosofía de este proverbio italiano contiene completa la línea del **buen vivir** del hombre de bien, cumplidor del deber en todos sus contornos.

"Muero y vivo en la vida y en la muerte
Y la muerte no acaba, ni la vida.
Porque la vida crece con la muerte.
Tú, que puedes hacer la muerte vida,
¿Por qué me tienes vivo en esta muerte?
¿Por qué me tienes muerto en esta vida?

Fernando de Herrera

"Yo soy la resurrección y la vida;
el que cree en mí, aunque muera, vivirá;
y todo el que vive y cree en mí
no morirá para siempre."

San Juan
(Evangelio: Vida de Jesús)

XLIII
DE LAS LISONJAS Y LOS VITUPERIOS

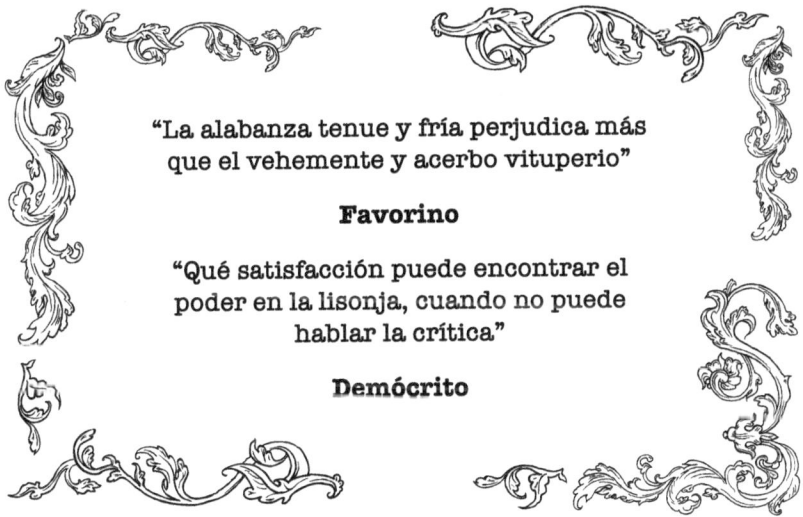

"La alabanza tenue y fría perjudica más que el vehemente y acerbo vituperio"

Favorino

"Qué satisfacción puede encontrar el poder en la lisonja, cuando no puede hablar la crítica"

Demócrito

687 - La lisonja agrada a los mediocres envanecidos.

688 - Hay vituperios que honran y lisonjas que envilecen.

689 - No te iguales jamás en lenguaje y procedimientos a los desvergonzados y perversos.

690 - Traigo a colación. la acertada y ejemplar respuesta que a Manlio, tribuno del pueblo, dio el sabio Quinto Cecilio Metelo Numídico al ser agredido por aquel con palabras insolentes e injuriosas en la asamblea del pueblo: "...ese hombre cree sin duda darse importancia declarándose enemigo mío; pero de la misma manera que no quería yo su amistad, tampoco me importa su odio; no conseguirá de mí otra respuesta, porque tan indigno me parece sufrir

las censuras de los hombres de bien, como lo sería de recibir sus elogios; y hablaros de un hombre de esa especie, más sería honrarle, que ofenderle."

691 - La mayor gloria consiste en no ser alabado mereciendo serlo.

692 - Desconfía de las lisonjas; desprecia el vituperio.

693 - El hombre que se "infla" con las lisonjas, es un pobre de espíritu.

694 - El hombre que se autoevalúa a base de lisonjas, pisa fuera de la realidad.

695 - El hombre que solo acepta lisonjas, es un enfermo.

696 - Al poderoso le sobran las lisonjas.

697 - Si ocupas posiciones destacadas en tu vida profesional y pública, **tapónate** los oídos contra las lisonjas, y trabajarás con libertad.

"Si es bella cosa en los favores recompensar
el bien con el bien, no lo es en devolver
injuria por injuria; en aquello es vergonzoso
ser vencido; en esto, vencer."
Séneca
(Tratados Filosóficos)

XLIV
DE LA INDECISIÓN Y EL TEMOR

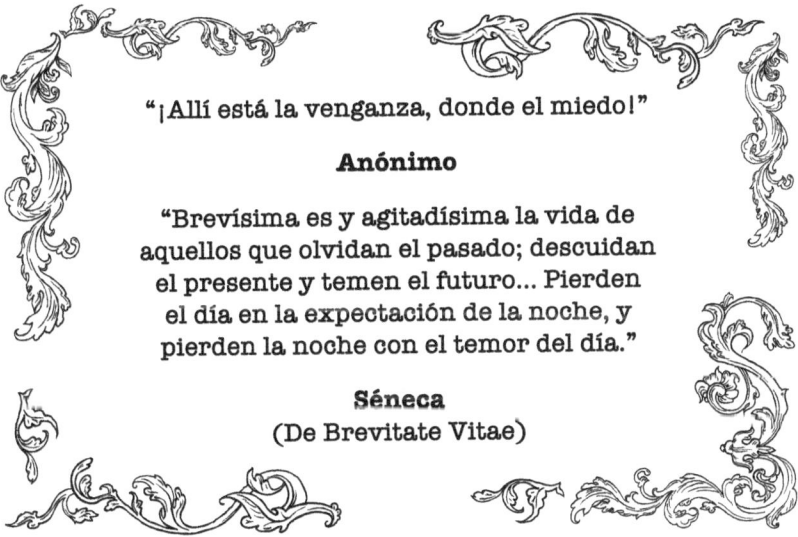

"¡Allí está la venganza, donde el miedo!"

Anónimo

"Brevísima es y agitadísima la vida de aquellos que olvidan el pasado; descuidan el presente y temen el futuro... Pierden el día en la expectación de la noche, y pierden la noche con el temor del día."

Séneca
(De Brevitate Vitae)

698 - La indecisión crea el temor.

699 - La indecisión es debilidad de espíritu, que fácilmente aprovechan para sus fines los más vivos.

700 - El indeciso nunca podrá defenderse con certeza y fácilmente será atacado.

701 - La indecisión es hija de la duda; esta enajena la voluntad del individuo y le induce a temer la responsabilidad.

702 - El indeciso está siempre en desventaja frente a sus contrincantes.

703 - La indecisión y el temor conducen muchas veces a desviar la razón y la verdad que posea el sujeto.

704 - No se confunda la indecisión con la **duda metódica** de Descartes. Con este método científico el nombrado filósofo persigue construir sobre bases firmes el edificio de la verdad.

705 - El indeciso es mísero juguete de los demás.

706 - El indeciso vive sujeto a la voluntad de otro.

707 - El indeciso no goza en plenitud de la libertad, preciado bien que le da la ley natural.

708 - El indeciso vive en constantes contradicciones con él mismo.

709 - La indecisión y el temor cohíben e inhiben al individuo de actuaciones beneficiosas para su salud espiritual y corporal.

710 - La indecisión en el individuo es un flanco descubierto al enemigo.

711 - Nunca faltarán al indeciso y atemorizado **falsos protectores** que especularán su debilidad.

712 - La indecisión crónica en el individuo raya en enfermedad.

713 - Difíciles situaciones puede confrontar el indeciso,

según la calidad de influencia que ejerza sobre él el **falso protector o consejero**.

714 - Si en la actividad de negocios se trata, el indeciso está expuesto a sufrir pérdidas en su patrimonio.

715 - Sobre esta materia de negocios, las contradicciones del indeciso pueden acarrearle tremendas consecuencias jurídicas en que llevará todas las de perder.

716 - En las actuaciones procedimentales que se ventilan en los tribunales **posiciones juradas, testimonios testificales**, etc., el indeciso se encontrará en difícil situación, dada la inseguridad que embarga su ánimo.

717 - El indeciso corre el riesgo de ser **chantajeado** fácilmente por sus contradicciones.

718 - El indeciso está expuesto a recibir insultos, imprecaciones e interpelaciones de parte de aquellos a quienes, **inconscientemente**, engaña o confunde con sus contradicciones.

719 - Es menester combatir la indecisión y el temor, muchas veces infundado, para mejor proveer en todos los actos de nuestra vida.

720 - Hay que recurrir a todos los remedios a nuestro alcance para curar la indecisión. Crear confianza dentro de uno mismo. Despejar las dudas por el

conocimiento cabal de las situaciones, etc.

721 - Reaccionar **con decisión** contra las fuerzas extrañas a quienes conviene o alimentan la indecisión y el temor.

722 - ¡Desgraciado es el indeciso!

XLV
DE LA SOLEDAD

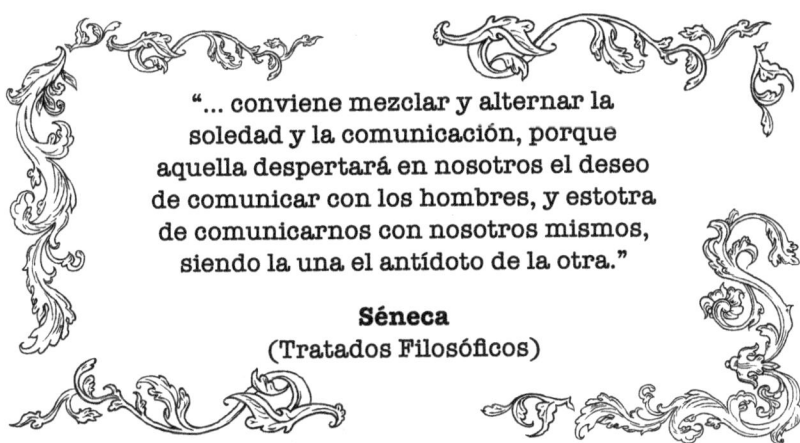

"... conviene mezclar y alternar la soledad y la comunicación, porque aquella despertará en nosotros el deseo de comunicar con los hombres, y estotra de comunicarnos con nosotros mismos, siendo la una el antídoto de la otra."

Séneca
(Tratados Filosóficos)

723 - Cultiva la soledad para que aprendas a encontrarte a ti mismo.

724 - Mientras más culto es el hombre, mejor combate y disfruta de la soledad.

725 - La soledad causada por la ausencia o muerte del ser querido, se soporta manteniendo siempre vivo, en nuestro recuerdo su imagen, su bondad, su dulzura, en fin, su luz de amor.

726 - El más hermoso homenaje que se rinde al ser querido ausente, que nos deja en soledad, es nuestro culto a su recuerdo, a su memoria.

727 - El amor bien cimentado da bases sólidas para resistir la soledad por la ausencia del ser amado y hacer vivir a éste en nuestro recuerdo.

728 - El cultivo de los bienes intelectuales es un excelente vehículo para llenar la soledad.

729 - El que posee esos recursos intelectuales nunca estará solo.

730 - Los libros, la música, el arte, en su extensa gama de manifestaciones, son buenos compañeros en la soledad.

731 - De allí la conveniencia de ilustrarse, de sumar desde la juventud bienes de cultura a nuestro acervo espiritual.

732 - El que aprovecha los años mozos en el estudio, se asegura un caudal de rica vida espiritual en su vejez.

733 - Tremenda desventaja lleva el individuo que no puede vivir sin las "comidillas" y compañía de personas que ni siquiera son sus verdaderos amigos.

734 - Esos individuos, sin pensarlo, labran su desgracia. Y, cuando tienen que hacer frente a la soledad, se desbocan por un despeñadero.

735 - Es necesario ejercitarse, desde temprano, en la **filosofía de la soledad**.

736 - La soledad que produce la ausencia temporal o la muerte del ser amado, se llena con el culto a su memoria, que hace siempre vivo al ausente en nuestro espíritu. Es como si el ser querido sigue viviendo en uno, para uno y con uno. ¡Sublime filosofía del vivir, del morir, del amor eterno!

FIN DEL TOMO I

XLVI
DE LA FELICIDAD

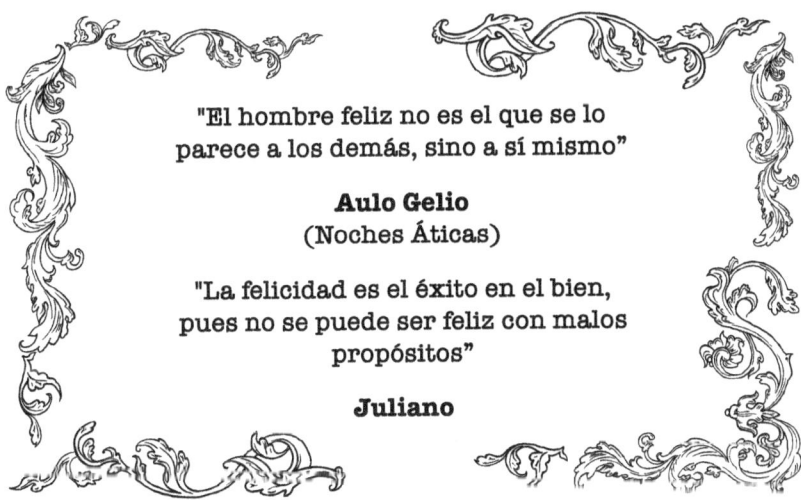

"El hombre feliz no es el que se lo parece a los demás, sino a sí mismo"

Aulo Gelio
(Noches Áticas)

"La felicidad es el éxito en el bien, pues no se puede ser feliz con malos propósitos"

Juliano

736 - Felicidad es todo lo que produce placer y gozo espiritual y corporal.

737 - No existe un modelo universal de felicidad. Esta es variada para cada uno.

738 - Existe tanta contrariedad en este tópico de la felicidad, que lo que a uno hace feliz, a otro le hace desgraciado.

739 - La riqueza es un vehículo de la felicidad en cuanto sirve para el logro de muchos bienes materiales que satisfacen nuestras apetencias.

740 - Pero, la riqueza no es el todo de la felicidad.

741 - La satisfacción por cualquier bien logrado, es felicidad.

742 - El contento por las sonrisas de la vida en varios aspectos, es felicidad.

743 - Amar, es felicidad.

744 - Ser amado, es felicidad.

745 - Practicar la caridad con entusiasmo, es felicidad.

746 - Hacer el bien (sin ver a quién), es felicidad.

747 - Servir al prójimo, quien siente placer en ello, es felicidad.

748 - Estudiar con éxito, es felicidad.

749 - Ejercer la profesión con éxito, es felicidad.

750 - Proporcionar con nuestro esfuerzo el gozo a otra persona, es felicidad.

751 - Consolar al afligido con nuestra ayuda material o palabra sincera y adecuada, es felicidad.

752 - Tener una madre santa y abnegada, es felicidad.

753 - Tener un padre y amigo a la vez, es felicidad.

754 - Tener a su lado una esposa amorosa y noble, es felicidad.

755 - Tener hijos buenos, responsables y competentes, es felicidad.

756 - Gozar del aprecio y el cariño de sus suegros y cuñados, es felicidad.

757 - Tener amigos verdaderos, es felicidad.

758 - Tener tradición familiar, es felicidad.

760 - Gozar de un pasado histórico nacional, es felicidad.

761 - Vivir en un régimen de libertades bien entendidas, es felicidad.

762 - Tener fe en Dios, es felicidad.

763 - Poseer rica cultura es un gran estimulante para el disfrute de la felicidad.

764 - Disfrutar de nuestras aficiones con libertad y holgura, es felicidad.

765 - No envidiar la felicidad de otro, es felicidad.

766 - No sufrir por la felicidad de otro, es felicidad.

767 - Desear la felicidad para los otros, es felicidad.

768 - Contribuir a que otros sean felices, es felicidad.

769 - En fin, en las expresiones más insignificantes de nuestro quehacer cotidiano es fácil encontrar felicidad.

770 - Ahora bien, muchos de esos gozos y placeres proporcionan una felicidad pasajera, fugaz, efímera.

771 - Lo que interesa es encontrar los **valores estables** de la felicidad. ¡He ahí el meollo de la filosofía de la felicidad!

772 - ¡Lograr la felicidad duradera! ¡Es esa la preocupación del hombre civilizado!

773 - Es fácil lograr y disfrutar de ese **estadio** de la felicidad.

774 - Solo se requiere para su logro sindéresis y paciencia, arbotantes de la sabiduría, tomada ésta como **superación del hombre sobre sí mismo**.

775 - Para alcanzar ese **estadio** de la felicidad es menester practicar, con sinceridad, un riguroso balance de los bienes de la vida, para seleccionar aquéllos que nos servirán para estructurar nuestra dicha. Esta tarea es lenta, pero segura. Hay que salvar muchos escollos.

776 - Hay factores aleatorios que en la vida de cada individuo pueden favorecer el logro, en mayor amplitud, de la felicidad. Ejemplo: el que hereda un grueso patrimonio de sus mayores tiene salvado el problema económico.

777 - Mas, si no hay sabiduría, no aprovecharán al recipiendario esos factores aleatorios, y la felicidad,

que, en teoría, debiera funcionar sobre ruedas, se frustra, naufraga, por la carencia de los **valores** que el individuo va a hacer **estables** en la edificación de su felicidad.

778 - Tienen mis hijos a la vista ejemplos muy elocuentes que corroboran esta concepción mía: un matrimonio, cuyos cónyuges reúnen una serie de factores halagüeños para ser felices: juventud, prestancia social, sólido patrimonio económico, cultura, y desbocados por la incomprensión, por la falta de sabiduría, se destruyen, se desintegran y se convierten en dos desdichados, y en su desgracia arrastran a sus hijos, víctimas inocentes.

779 - ¿Que faltó a esos seres para redondear con solidez su felicidad? ¡La base ideal! que es superior a todo lo material y es la única que resiste los embates de la lucha por la Vida sin resquebrajarse.

780 - Los valores estables de la felicidad hay que centrarlos en el espíritu, en los ideales, que trascienden y penetran en el núcleo y se extienden por encima de los valores perecederos, mutables en el espacio y el tiempo.

781 - De consiguiente, la riqueza y demás bienes materiales no son la base de la felicidad, sino meros vehículos para el disfrute de varios de sus atributos y suplementos.

782 - Los bienes materiales pueden transformarse,

pueden sufrir *capitis diminutio*, pueden desaparecer, y la felicidad fundamentada en los **valores estables**, sobrevivirá aquella debacle, y vigorizará, y ampliará en el espacio y el tiempo.

783 - Ha sido esta, mis queridos hijos, la base de sustentación de la felicidad de que han disfrutado en su hogar.

784 - También fue esa la base de sustentación de la felicidad de mi hogar paterno.

785 - E, igualmente, fue esa la base de sustentación de la felicidad del hogar paterno de mamá Pita.

786 - Así es, pues, que mis hijos tienen en su haber una escuela tradicional de felicidad hogareña forjada al calor del amor y de la comprensión, que dan **sabiduría**, sostenida en el tiempo y el espacio.

787 - Aspiramos, con la inspiración de Dios, concluir nuestra jornada dentro de esos cánones y a Él pedimos tu madre y yo, nos conceda el privilegio de verles a ustedes Leopoldo y María Isabel, nuestros amados hijos, inaugurar sus hogares bajo los auspicios de la diosa felicidad.

788 - El que edifica su felicidad a costa de la desgracia ajena, es el peor de los desgraciados.

789 - El que atenta contra la felicidad de otro es ruin y despreciable.

790 - La más amplia expresión de la felicidad del hombre civilizado y culto es la de ser feliz él y desear y respetar la felicidad de los otros,

790 - La felicidad colectiva es una garantía para la felicidad individual, por ello cada miembro de la comunidad debe tratar, por todos los medios a su alcance, sin egoísmo ni restricciones, en laborar por la felicidad de los demás. Además de cumplirse con un sagrado precepto cristiano, hay en esta acción una intención pragmática.

791 - De consiguiente, el que no lo haga por impulso o mística religiosos, debe hacerlo por interés, por cálculo, y así cumple una insoslayable función social.

"¿Qué puede faltar para la vida feliz a aquél a quien la fortaleza le libra del dolor y del miedo y a quien la templanza le aparta del apetito y de la petulancia?"

Cicerón
(Cuestiones Tusculanas)

"Generalmente, nadie obtiene a la vez bienes grandes y duraderos; la felicidad que permanece hasta el fin es la que llega lentamente."

Séneca
(Epístolas Morales)

XLVII
DE LA IGUALDAD ENTRE LOS HOMBRES

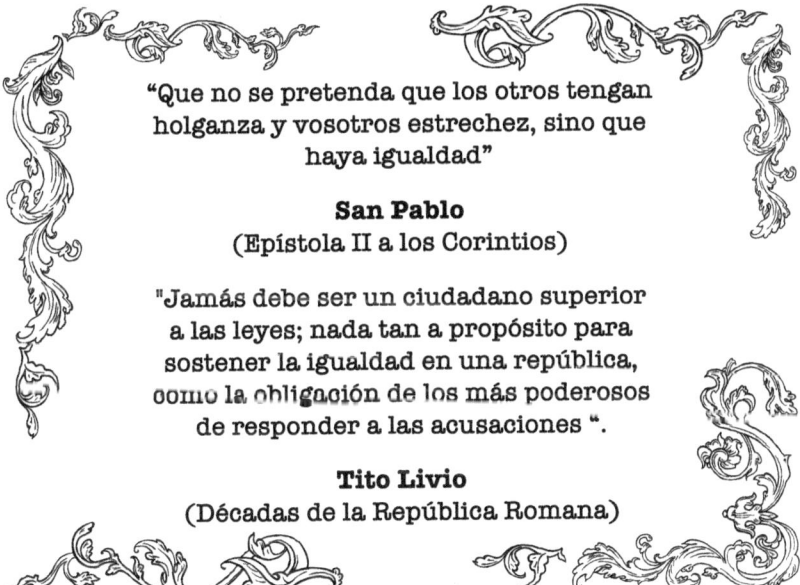

"Que no se pretenda que los otros tengan holganza y vosotros estrechez, sino que haya igualdad"

San Pablo
(Epístola II a los Corintios)

"Jamás debe ser un ciudadano superior a las leyes; nada tan a propósito para sostener la igualdad en una república, como la obligación de los más poderosos de responder a las acusaciones ".

Tito Livio
(Décadas de la República Romana)

792 - No desprecies a nadie por su origen étnico. No olvides que todos los hombres son hijos de Dios.

793 - Solo son iguales a ti quienes piensen, sienten y actúen como tú, dentro de los mismos cánones de filosofía, educación y cultura.

794 No todos somos iguales y mucho menos en este tipo de sociedad aluvional. Las diferencias se establecen en la educación, la cultura y los sentimientos.

795 - Rechaza la prédica de los demagogos en torno a una **igualdad** emocional carente de base científica.

796 - La Ley si es un nivelador de todos los hombres sometidos a su imperio. Ella **es igual**, con su peso específico impersonal para castigar o para defender a todos los ciudadanos, cualquiera sea su status social.

797 - En el régimen de libertad se reconoce a todos los ciudadanos la igualdad en el punto de partida para el logro de muchos bienes que conducen a la felicidad, en conformidad con las condiciones, capacidad, etc., de cada uno.

798 - En la tiranía se cartabona* ese derecho y la igualdad desaparece.

799 - Es conveniente mantener ese principio de igualdad como garantía para todos.

800 - Es necesario que todos aceptemos el mandato de la Ley, ante la cual todos los hombres son iguales.

"La igualdad en virtud de la cual: Todos serán juzgados por las mismas leyes, gozarán por igual de la protección de éstas en todo el territorio de la Nación y estarán sometidos a los mismos deberes, servicios y contribuciones, no pudiendo concederse exoneraciones de éstas sino en los casos en que la Ley las permita".

Constitución de Venezuela
(1961)

"... todos los individuos quedan sujetos por igual, hasta los más insignificantes, a las leyes que ellos mismos, como partes en las legislaturas, han establecido; y nadie podrá sustraerse por su propia voluntad a la fuerza de la Ley, una vez dictada... "

Locke
(Ensayo Sobre el Gobierno Civil)

XLVIII
DE LA BONHOMÍA

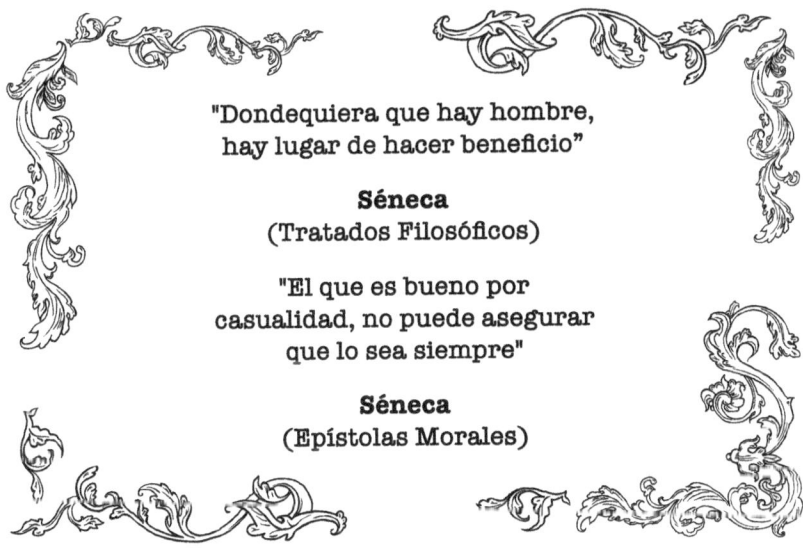

"Dondequiera que hay hombre, hay lugar de hacer beneficio"

Séneca
(Tratados Filosóficos)

"El que es bueno por casualidad, no puede asegurar que lo sea siempre"

Séneca
(Epístolas Morales)

801 - Tomo en préstamo del francés el vocablo **bonhomía** (*bonhomie)*, que significa **bondad** y por extensión **bondad del hombre**, ministerio del **hombre de bien**, el cual encaja perfectamente en la idea que me propongo expresar.

802 - No dejes sentir el favor que hagas. (Esta sabia máxima la aprendí de tu abuelito César).

803 - No vaciles en hacer el bien, así no te lo agradezcan.

804 - Sé bondadoso en conformidad con tu conciencia, así no recibas recompensa.

805 - No ofrezcas nunca lo que no podrás cumplir. Esta práctica es propia de los demagogos e irresponsables.

806 - No hagas esperar al necesitado.

807 - Preocúpate porque lo que a otro des, nunca sea objeto de humillación.

808 - Olvida el bien que hagas, pero no olvides jamás el favor recibido.

809 - Es de caballero y de dama saber hacer de la limosna un grato regalo.

810 - La bondad se expresa y se práctica en diversas formas, desde una insignificante palabra adecuada, que conforte al que sufre, hasta el donativo considerable de bienes materiales.

811 - La bondad, que se rige por la "ley de los vasos comunicantes", es amplia y universal en su intrínseco sentido.

812 - Como bien lo asienta el filósofo Séneca, el que es bondadoso ocasional, no está seguro de serlo siempre.

813 - El hombre de bien por convicción es sencillo, modesto, parco, probo, pacato, enemigo de exhibicionismos y publicidad.

814 - Cada uno ayudará a su prójimo en conformidad con sus disponibilidades.

815 - Aún dentro de las necesidades nuestras podemos

dar cabida a la necesidad de otro. Esto, por si solo demuestra la buen voluntad de hacer el bien. ¡Dios premia con largueza este gesto!

816 - Ahora bien, debes atender con esmero y preocupación las necesidades de los tuyos en primer lugar. ¡Dios premia este gesto, que, por otra parte, es un deber ineludible!

817 - Para que la bondad aproveche a su ejecutor, debe practicarla con entusiasmo, con alegría, nunca por fuerza o a regañadientes.

"... quien escasamente siembra,
recogerá escasamente;
y quien siembra a manos llenas,
a manos llenas recogerá."

San Pablo
(Epístola II a los Corintios)

"No ceses en hacer el bien; persevera en tan heroica acción; cumple con las obligaciones de hombre de bien; ayuda a unos con hacienda, a otros con crédito, a otros con buenos consejos; y a otros con saludable doctrina".

Séneca
(Tratados Filosóficos)

"Hay algunos que no sólo en el dar, sino también en el recibir muestran soberbia, culpa indigna de cometerse".

Séneca
(Tratados Filosóficos)

XLIX
DE LOS PRINCIPIOS Y CONVICCIONES

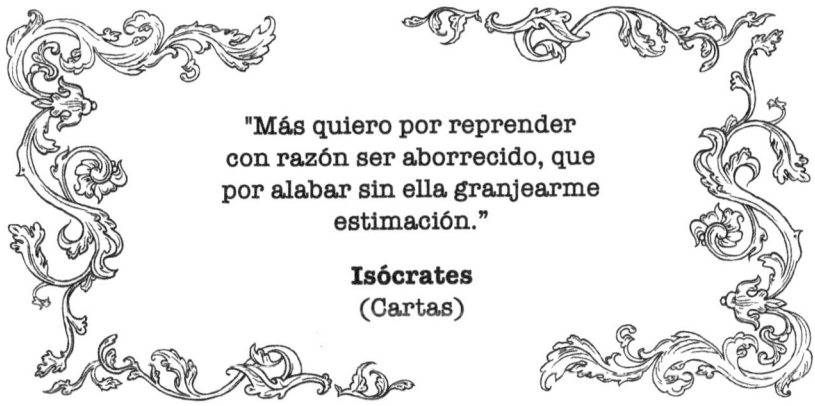

"Más quiero por reprender con razón ser aborrecido, que por alabar sin ella granjearme estimación."

Isócrates
(Cartas)

818 - Respeta los sentimientos ajenos, pero sin claudicar de los tuyos propios.

819 - Sé sincero, contigo mismo y no doblegues tus principios y convicciones frente a las conveniencias y cálculos.

820 - Sostén con firmeza tus convicciones y no vaciles en ratificar, también con firmeza, tus errores.

821 - No temas enfrentarte "al montón" en defensa de tus principios y convicciones.

822 - Es honroso morir en defensa de nuestros principios y convicciones; e indigno vivir arrastrando la ignominia de la claudicación.

823 - Podrás coincidir en pensamiento con otros, pero no estás obligado, ni siquiera por mera cortesía, a aceptar sus módulos éticos, religiosos o ideológicos; y muchísimo menos a acogerles por imposición.

824 - Entre los venezolanos priva, en términos generales, una marcada propensión al autoritarismo. No aceptes jamás la imposición de ideas o líneas de conducta contrarias a las tuyas.

825 - Cuando oigas una opinión contraria a la tuya, rebátela con argumentos sólidos, pero no te ofusques.

826 - Tú eres soberano de tu pensamiento. No admitas que nadie te imponga sus ideas.

827 - Cuando alguien te pida un parecer sobre materia de tu dominio, dala con sinceridad y firmeza, así choque con el del peticionario.

828 - El mayor goce de la vida es sentirse satisfecho de uno mismo.

829 - Reconocer nuestras faltas y errores, es demostración de espíritu fuerte.

830 - Sé firme ante aquellos superdotados que se creen monopolizadores de la verdad.

L
DE LA EVALUACIÓN DEL HOMBRE

"Todas las criaturas creadas por Dios son buenas, así algunas no agraden a otras."

San Agustín
(Confesiones)

831 - Los hombres son seres humanos, no dioses.

832 - Aprecia de los hombres sus virtudes.

833 - La mejor evaluación del hombre la obtendrás del balance de sus virtudes y defectos.

834 - Admira a los hombres por su ciencia, por su bonhomía, por su nobleza de espíritu, y no por sus riquezas y su poder.

835 - Nunca juzgues por las apariencias. Antes, examina, a fondo, la situación.

836 - En la sociedad aluvional sé temeroso de "la montonera", porque la calidad está en relación inversa a la cantidad.

837 - Reconoce a cada quien sus virtudes y sus defectos.

838 - Evalúa a las personas por su educación, su moral, su cultura y sus sentimientos y no por los bienes materiales, fugaces y mutables, que posea.

839 - No te afecten las inconsecuencias y decepciones que recibas de las personas con quienes trates.

840 - No olvides que el hombre es un ser humano y como tal está expuesto a errar.

LI
DE LA PROCACIDAD Y EL RELAJO

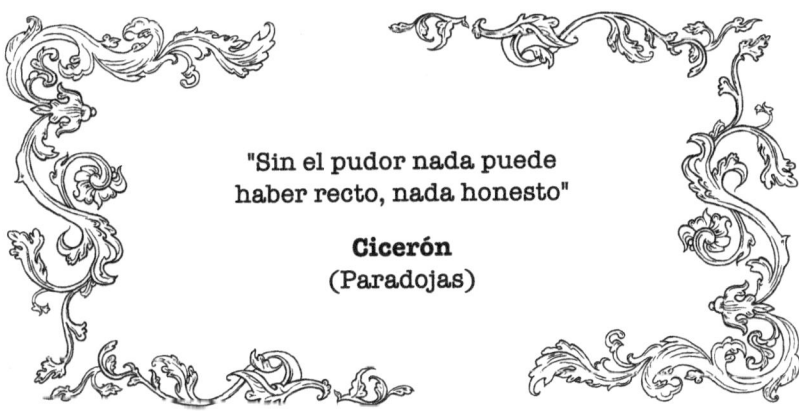

"Sin el pudor nada puede haber recto, nada honesto"

Cicerón
(Paradojas)

841 - Rechaza en todo momento la procacidad y el relajo. Y, cuando fundes tu hogar, extrema este cuidado.

842 - No te iguales jamás en lenguaje y procedimientos al insolente.

843 - Rechaza y combate la indecencia y la procacidad donde la encuentres.

844 - No permitas que alguien plantee temas de conversación obscena delante de las damas que estimes. Si te encuentras en alguna reunión social y apunta ese clima, lo más recomendable es la retirada oportuna con tu familia. (Vid. Cap. XXXVIII: **Del alcohol y las drogas**).

845 - No permitas jamás que en tu hogar se manifieste el estilo de obscenidad en ningún grado. No olvides

que en tu hogar eres soberano y tú marcas las líneas morales a seguir.

846 - No intimes con individuos hombres y mujeres aficionados a las posturas impúdicas que se desplazan desde los **menudos chistes** hasta la más gruesa impudicia.

847 - No aceptes que en tu hogar se registren gestos inmorales o impúdicos. Llama al orden a esas personas. Te asiste derecho para ello, pues en tu hogar deben respetarse y observarse las normas éticas que rigen, marcadas por ti.

848 - Si toleras el más insignificante gesto impúdico, así sea un chiste, corres el riesgo de que el relajo se extienda y te conviertan tu hogar en un sitio indigno del santuario que es y debe ser.

849 - Es más fácil que el relajo tome cuerpo, que la moral y las buenas costumbres impriman carácter.

850 - Las conversaciones crudas y escarnecedoras son un eficaz vehículo para propagar la procacidad y el relajo.

851 - Se supone que las personas que concurren a tu hogar son tus amigos; éstos deben ser iguales a ti en conformidad con el **metro aplicado por ti** para establecer la igualdad; de consiguiente debe **haber unidad**.

852 - Mas, en el quehacer de la vida no sucede así y surgen notas discordantes y trepidantes.
CONCLUSIÓN: esas personas no han correspondido a la altura de amigos y como ya les has conocido, debes eliminarles de la nómina de tus amigos selectos que pueden frecuentar tu hogar. ¡Ciérrales la puerta!

853 - En esos casos aparta todo respeto reverencial y procede con decisión y entereza. Esta conducta tuya la respalda la razón y el derecho que te asiste de hacer respetar las normas éticas que has impreso en tu hogar.

LII
DE LA GLORIA Y EL INFORTUNIO

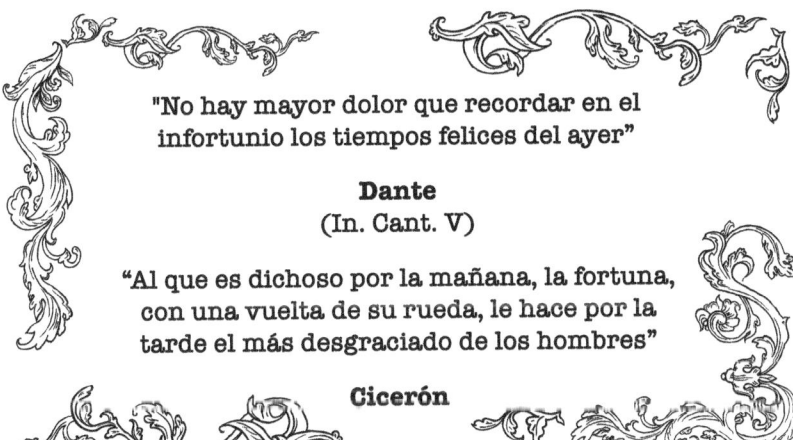

"No hay mayor dolor que recordar en el infortunio los tiempos felices del ayer"

Dante
(In. Cant. V)

"Al que es dichoso por la mañana, la fortuna, con una vuelta de su rueda, le hace por la tarde el más desgraciado de los hombres"

Cicerón

854 - En la gloria sé sereno; en el infortunio, sé bizarro.

855 - En el infortunio ten fe en el Padre Celestial, concéntrate en ti mismo y acércate tus verdaderos afectos.

856 - El mediocre se ensoberbece fácilmente con la prosperidad e igualmente se amilana en la adversidad.

857 - El verdadero valor se prueba en la adversidad y no en la prosperidad.

858 - La prosperidad honra cuando se tiene templanza.

859 - Es signo de grandeza de espíritu soportar con resignación las adversidades.

860 - La hidalguía se prueba más en el infortunio que en la prosperidad.

861 - En la desgracia, debemos practicar un balance de nuestra vida y no achacar a las calamidades recientes la culpa de nuestros males, que muchas veces son consecuencias de nuestros errores mediatos.

862 - En el infortunio se prueba el verdadero amor. Es una prueba de fuego.

863 - Acude al lado de tu amigo en infortunio, sin que te llame.

"En los gozos y gustos acude luego a Dios con temor y verdad, y no serás engañado ni envuelto en vanidad"

San Juan de la Cruz

"Me admira la impresión que suele ejercer sobre el espíritu, unas veces en bien, otras en mal, el recuerdo de unas épocas pasadas."

Marquesa de Sevigné
(Cartas)

LIII
DEL TALENTO SIN MODESTIA

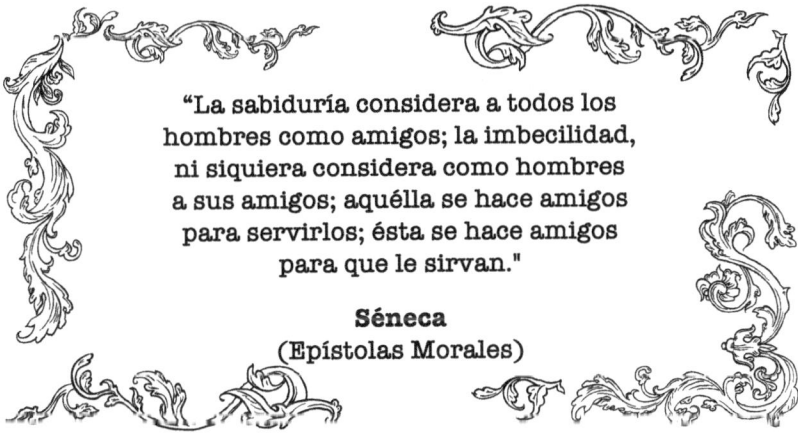

"La sabiduría considera a todos los hombres como amigos; la imbecilidad, ni siquiera considera como hombres a sus amigos; aquélla se hace amigos para servirlos; ésta se hace amigos para que le sirvan."

Séneca
(Epístolas Morales)

864 - La probidad es atributo del hombre equilibrado. La petulancia es propia del mediocre, del que carece de peso específico.

865 - La sobriedad y la modestia son virtudes propias del sabio. La petulancia y la ostentación son propias del ignorante.

866 - El talento sin modestia es una tortura para los demás.

867 - El talento emponzoñado es la peor de las férulas.

868 - Desgraciada la sociedad que es gobernada por el hombre de talento sin modestia.

869 - El talento sin bondad es un azote.

870 - El talento en el resentido es otro mal que sufre la sociedad.

LIV
DE LA PALABRA Y LA ESCRITURA, VEHÍCULOS DE LA CULTURA

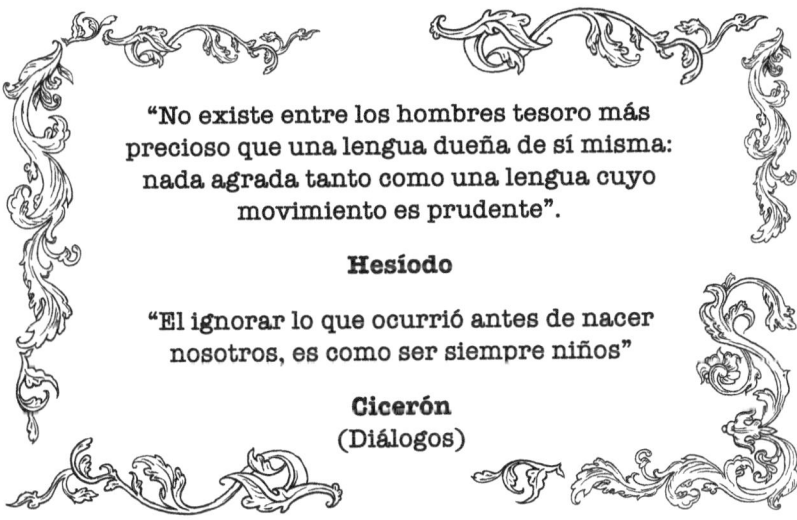

"No existe entre los hombres tesoro más precioso que una lengua dueña de sí misma: nada agrada tanto como una lengua cuyo movimiento es prudente".

Hesíodo

"El ignorar lo que ocurrió antes de nacer nosotros, es como ser siempre niños"

Cicerón
(Diálogos)

871 - Al usar el vehículo de la palabra hablada o escrita, hazlo con precisión. Desecha el lenguaje pueril y pedestre. Emplea siempre los términos cultos. El habla es uno de los medios para evaluar la cultura del individuo.

872 - En la lectura de las fuentes calificadas encontramos bases sólidas para contrapesar nuestra aflicción.

873 - Los libros y la música son los mejores compañeros del hombre culto. ¡Cuán grande es el caudal de sabiduría y enseñanzas que encierra la obra escrita a través de siglos!

874 - El hombre que no ha leído no conoce del mundo sino

lo que abarca su mirada. Es pobre su conocimiento de la cultura, obra del hombre.

875 - Infeliz el hombre de un solo o de ningún libro. Para él el universo empieza y termina en él mismo.

876 - El mundo es del hombre culto, o sea, de las cabezas completas. Los mediocres jamás construirán nada sólido. Su obra siempre será incolora.

877 - La música es la más excelsa expresión del arte. Hay grados en esa expresión. Es la música clásica la que reúne las depuradas manifestaciones estética y de lenguaje sublime.

878 - El que se familiariza con esas formas de la música, tiene ganada gran parte de la paz espiritual.

879 - La música es la mejor fuente de consuelo, el más efectivo estimulante del regocijo, el más generoso sedante de nuestro dolor.

880 - El que sabe descubrir la filosofía que encierra la lectura y la música, estará mejor armado para combatir el tedio y disfrutar de las delicias de la cultura.

881 - Dedica el tiempo desocupado en ilustrarte. En la vida siempre tenemos mucho que aprender.

882 - La cultura es el tesoro más estable y seguro que posee el hombre.

883 - El más preciado tesoro del hombre es la cultura: fortalece la juventud, regala la vejez, es freno en la gloria y consuelo en el infortunio.

884 - ¡Estudio, lectura, investigación son los vehículos para poseer los bienes de la cultura!

885 - ¡No se detengan en el asedio a las fuentes de la cultura y la conquista de sus hermosos bienes!

"Una voz sin freno, una locuacidad sin límites, ordinariamente tiene fin desgraciado".

Eurípides

"El cultivo de las letras alimenta la juventud, deleita la ancianidad y es en la prosperidad ornamento y en la desgracia refugio y consuelo; entretiene agradablemente dentro de la casa, no estorba fuera de ella, pernocta con nosotros y con nosotros viaja, y nos acompaña al campo."

Cicerón
(Discursos)

LV
DEL AHORRO

"El que guarda hoy, mañana halla de donde sacar"

Refrán Popular

886 - La mentalidad del ahorro debe desarrollarse en toda familia organizada, sobre bases cartesianas.

887 - Ahorrar equivale a hacer presente el futuro, o a compartir el presente con el futuro.

888 - El ahorro puede efectuarse en el sentido de la acumulación de capital o en el de inversión reproductiva del capital. Ambas fórmulas son beneficiosas.

889 - El ahorro da respaldo a la familia para hacer frente a contingencias y emergencias.

890 - El capital ahorrado produce tranquilidad espiritual y seguridad económica a la familia.

891 - Desde muy temprano debe fomentarse en los hijos el hábito del ahorro.

892 - No debe confundirse la sana intención del ahorro con la absorbente avaricia. Aquel sentimiento es correcto y contribuye a sistematizar un género de vida. La avaricia, por el contrario, desorganiza el espíritu y conduce a cometer injusticia y atropellos en el prójimo.

LVI
DEL JUEGO

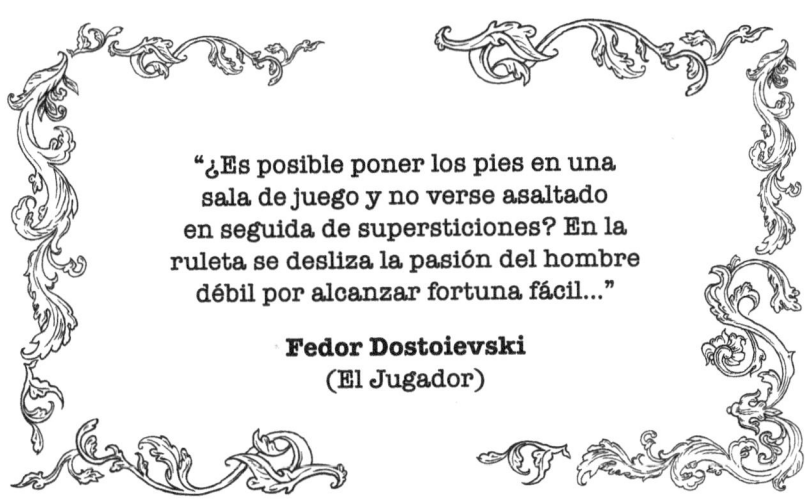

"¿Es posible poner los pies en una sala de juego y no verse asaltado en seguida de supersticiones? En la ruleta se desliza la pasión del hombre débil por alcanzar fortuna fácil..."

Fedor Dostoievski
(El Jugador)

893 - No te dejes tentar por el juego. La vida del jugador es una eterna aventura.

894 - La familia del jugador jamás gozará de seguridad.

895 - La pasión del juego es de las más destructoras de la voluntad del individuo.

896 - El jugador vive envuelto en un eterno sueño en que las cantidades fabulosas representan importante papel.

897 - El juego es veleidoso, a veces halaga a su víctima para atraparle en sus garras y envilecerle, y destrozarle y hundirle.

898 - El jugador ofrece con su debilidad un flanco descubierto al enemigo.

899 - Si el jugador posee un patrimonio, este tambalea en el albur de las cartas, la ruleta.

900 - Si el jugador carece de fortuna, es más aguda su tortura.

901 - Con patrimonio o sin él, la vida del jugador es triste y desgraciada.

902 - Es necesario **acorazarse** contra la pasión del juego y sus halagos.

903 - No están exentas de esa funesta pasión, las mujeres. En Caracas son muchos los descalabros sufridos por familias en su patrimonio económico por las prácticas del juego de padres y madres.

904 - Recomiendo a mis hijos la lectura detenida de la obra **El Jugador** de Dostoievski, para que extraigan de ellas ejemplares enseñanzas sobre la materia.

LVII
DEL PATRIMONIO ECONÓMICO

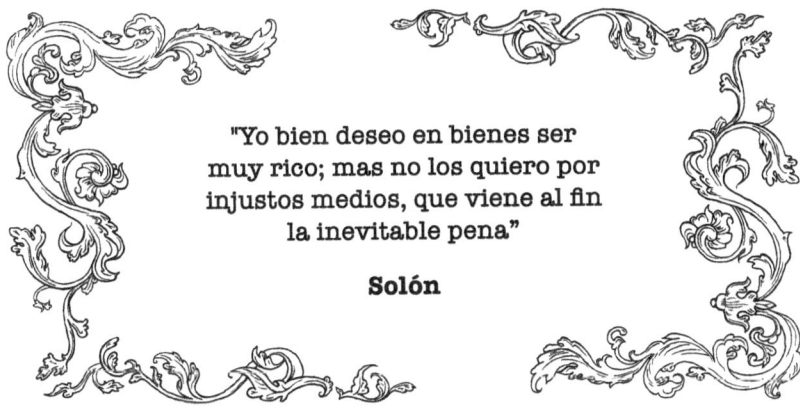

"Yo bien deseo en bienes ser muy rico; mas no los quiero por injustos medios, que viene al fin la inevitable pena."

Solón

905 - Procúrate un patrimonio económico por las vías lícitas del trabajo honorable y productivo.

906 - Rehúsa enriquecer tu patrimonio **con malas artes** en los negocios.

907 - Rechaza aquellos negocios precedidos de mucho **canto de sirenas** y **halagüeñas utilidades** fáciles porque muchas veces encierran un riesgo muy elevado, cuando no vienen acompañados de **engaño y dolo**. (Ten presente el timo y el "**paquete chileno**" muy bien manejado por los "**caballeros de industria**".)

908 - Para formarte un patrimonio económico propio, no es necesario arruinar o destrozar el de los demás.

909 - Sin texto en el manuscrito original.

910 - Cuida y vigila tu patrimonio. Es muy difícil construir y fácil destruir.

911 - Para proveer la mejor seguridad personal y del hogar, esfuérzate por formarte un patrimonio económico.

912 - No es necesario acumular riquezas. Aspira a obtener lo necesario para vivir holgadamente tú y tu familia.

913 - No seas ni **avaro** ni **dilapidador** del dinero, **ambos estados son anormales.**

914 - El patrimonio económico refuerza la independencia espiritual.

915 - Estudia **profundamente** los negocios que emprende Oye a asesores de tu entera confianza.

"Estás enfermo, complaciéndote en hacer suntuosos edificios, y queriendo, como el otro Midas, que todas las cosas se te conviertan en oro y mármoles".

Plutarco

"El que posee gran copia de oro y plata, campos extensos de abundantes mieses, y mulas y caballos, y el que sólo tiene un pasar honesto, que le baste a comer y vestir cómodamente; y si en mujer e hijos a esto acreces belleza y juventud, la dicha es llena".

Solón

LVIII
DE LA RESPONSABILIDAD

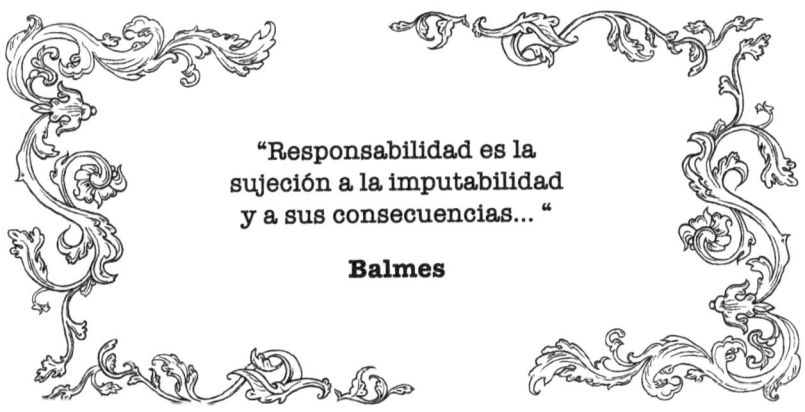

"Responsabilidad es la sujeción a la imputabilidad y a sus consecuencias… "

Balmes

916 - El sentido de responsabilidad en todos los actos de nuestra vida, es el mejor cartel que podemos exhibir.

917 - Inculca a tus hijos, desde temprana edad, el sentido de la responsabilidad.

918 - La responsabilidad en el hombre se identifica con su condición de ser racional.

919 - Cuando te comprometas dar alguna colaboración *ad honorem*, esfuérzate por cumplir a cabalidad, para que esa colaboración no se sienta como una limosna dada **de mala gana**.

920 - Saber lo que se quiere y hacia dónde se marcha, son señales de responsabilidad firme, que capacita al individuo para soslayar el **snobismo*** y no caer en el tremedal de la irresponsabilidad.

921 - Aunque te toque actuar en núcleos humanos en que nadie cumple con su deber, sé tú estricto en ese cumplimiento, porque eso es señal de responsabilidad.

922 - El nombre responsable se honra a sí mismo.

923 - Mantén siempre en alto el valor de la responsabilidad que da superioridad al hombre.

LIX
EL SILENCIO COMO PROTESTA

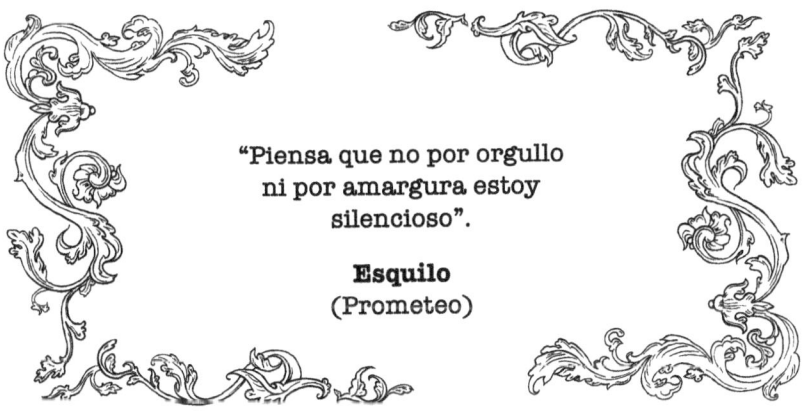

"Piensa que no por orgullo ni por amargura estoy silencioso".

Esquilo
(Prometeo)

924 - En determinadas situaciones es más elocuente el gesto que la palabra.

925 - El silencio no siempre es señal de otorgamiento. En determinadas oportunidades encierra la más ejemplar protesta y disentimiento.

LX
DE LA INDEPENDENCIA ESPIRITUAL

"El espíritu es bien de Dios, que al humano no se vende"

Apotegma Castellano

926 - La independencia espiritual y la libertad de conciencia son la mejor garantía para el buen vivir.

927 - No enajenes jamás tu libertad espiritual.

928 - El que milita en agrupaciones políticas enajena miserablemente su libertad espiritual y de conciencia.

928-A - He presenciado como los directores de partidos políticos juegan, a su antojo, con sus adeptos.

929 - He presenciado cómo imponen a sus esclavos conmilitones, *a manu militari*, las líneas y conveniencias del partido.

930 - He presenciado como incurren esos directores hasta en actos dolosos, tal es estampar en un

documento nombres y apellidos de sus sumisos secuaces y presentarlos como **firmas autógrafas** de éstos. (¿...?) ¡Qué "marramucia", qué inmundicia, en las que se sumergen **los políticos** en aras de su llamada "estrategia política"!

931 - ¡Jamás he militado en agrupaciones políticas! Y recomiendo a mis hijos no lo hagan, para que no pierdan su libertad espiritual y de conciencia.

932 - Mantengan firmes y muy en alto **sus ideales** y ejerzan sus derechos civiles con libertad absoluta, pero, no incurran en la debilidad de ceder a otro el PENSAR POR USTEDES.

933 - No olviden que el alma "es bien de Dios que a humano no se ha de vender".

934 - Si no posees la independencia económica, mantén incólume, con entereza y dignidad, tu libertad espiritual, contra las presiones de los intereses económicos, inmorales, corrompidos y corruptores.

"Hemos de cuidar mucho el espíritu,
puesto que de él dependen la razón,
la palabra, el aspecto y la apostura"

Séneca
(Epístolas Morales)

LXI
DE LA EXPERIENCIA AJENA

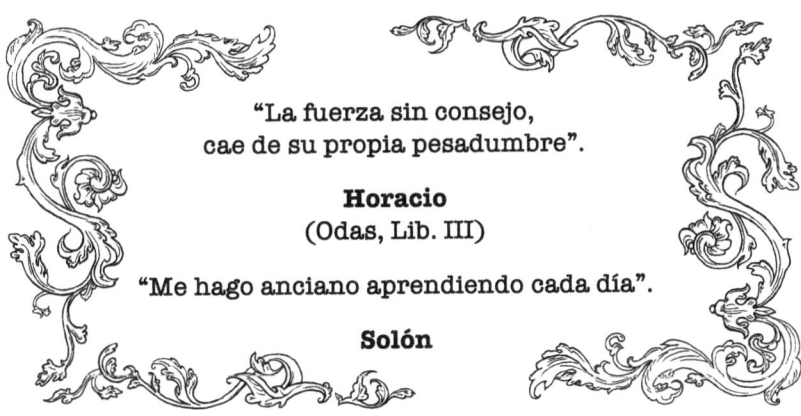

"La fuerza sin consejo, cae de su propia pesadumbre".

Horacio
(Odas, Lib. III)

"Me hago anciano aprendiendo cada día".

Solón

935 - Leer en el libro de la experiencia ajena para fortificar la nuestra con sus enseñanzas, es signo de sabiduría.

936 - También es signo de desarrollo acoger la experiencia ajena. Los pueblos desarrollados han demostrado con elocuencia este aserto.

937 - La experiencia ajena nos sirve para evitar caer en sus errores y corregir los cometidos por nuestra falta de experiencia.

938 - El que aprecia la experiencia ajena y la compulsa con la propia, tiene en sus manos el mejor instrumento para alcanzar la superación y perfeccionar sus actuaciones.

939 - El joven que frena su emoción y se detiene a leer en el libro de la experiencia ajena, gana en años el encauzamiento de su vida.

940 - La emoción es propia del estado de naturaleza; la reflexión matiza al hombre civilizado y culto.

940-A - El que vive a espaldas de la historia, "nuestra de la vida", vive eternamente niño.

940-C - La experiencia da madurez.

941 - "La experiencia cuesta caro", reza un refrán popular. Mas, el que aprecia y estudia en la experiencia ajena disminuye ese doloroso precio de la experiencia de la vida.

942 - El que oye la voz de sus mayores y analiza los anales de la vida de éstos, tiene en sus manos la llave que le ayudará salvar muchos escollos de su vivir.

943 - La vida es dura y el que aprovecha con sabiduría las enseñanzas del pasado, suavizará ese rigor.

944 - **El Mediterráneo se descubrió una sola vez. El que intente descubrirlo de nuevo está en un error.** ¡Que esta metáfora sirva a mis hijos de símil para **extraer sabiduría de la EXPERIENCIA AJENA!**

"El joven debe aprender, y el viejo aprovechar lo aprendido"

Séneca
(Epístolas Morales)

LXII
DE LA RIQUEZA Y LA POBREZA

"... Porque raíz de todos los males es la avaricia, de la cual arrastrados algunos, se desviaron de la fe, y se sujetaron ellos mismos a muchas penas y aflicciones"

San Pablo
(Epístola I a Timoteo)

"No es pobre el que tiene poco, sino el que desea más de lo que tiene "

Séneca
(Epístolas Morales)

"Quieres apoderarte del río y basta para tu sed un jarro de agua"

Constancio C. Vigil
(El Erial)

945 - Poco aprovecha la riqueza material cuando la pobreza está en el espíritu.

946 - Compadécete del rico vanidoso y ostentoso.

947 - La riqueza honra cuando con ella se practican obras de bien.

948 - Si eres rico procura que tu patrimonio cumpla una función social, como lo predica el Redentor en el Sermón de la Montaña.

949 - Es despreciable el que utiliza el dinero para humillar y desangrar al prójimo.

950 - Cuídate de fabricar tu bienestar a costa del dolor ajeno.

951 - No cifres en la riqueza el todo de tu dicha. Ese y otros bienes materiales son mutables; hoy los posees, mañana los puedes perder, después recuperarlos, según los avatares y circunstancias de la fortuna. La verdadera felicidad radica en la placidez del espíritu, en la fe en Dios, en la confianza en ti mismo y en la superación de nuestra condición humana.

952 - El secreto de la felicidad consiste en sentirnos satisfechos de nosotros mismos, sin envidiar jamás a los otros.

953 - Es signo de superioridad en el hombre no ceder a las tentaciones que ofrece el dinero, muchas veces productoras de indignidades.

954 - Las más gruesas vilezas las comete el hombre en su afán por alcanzar la riqueza.

955 - En el manejo del dinero, en todos los planos de nuestro quehacer se aprecia la decencia del individuo.

956 - La justa apreciación del dinero consiste en no atribuirle ni más ni menos valor del que tiene intrínsecamente.

957 - En la vida hay dos actitudes anormales frente al dinero: a) apegarse a él como el principio y el fin de nuestro cometido terrenal; b) despreciarle absolutamente.

958 - Triste, muy triste, es la vida del hombre que se evalúa a sí mismo o estima a los demás según la cuantía del bolsillo.

959 - La actitud del avaro es anormal. También lo es la del despilfarrador. Pero, más nocivo para la sociedad es el primero que el segundo.

960 - El avaro es esclavo de la riqueza.

961 - No te empeñes en acumular riquezas, sino en disfrutar de ellas con mesura y hacer que otros también se beneficien de tu patrimonio.

962 - El avaro es el hombre que vive pobre y muere rico.

963 - El que tolera la pobreza con filosofía, es rico.

964 - El avaro usurpa lo de los demás y se lo niega a él mismo.

965 - Alardear de la riqueza que se posee, es propio de necio.

966 - Los demagogos inescrupulosos fomentan las aristas entre pobres y ricos para sembrar odio con fines de obtener dividendos de ese **caos de odio**.

967 - Hay que cuidar mucho de que ese odio no prospere. ¡Recházalo en todo momento!

967 - Es muy fácil que ciertos sentimientos en contra del rico afloren en los que no lo son, creándose, a veces, inopinados complejos. ¡Combate en todo momento esas inclinaciones en quienes las manifiesten!

968 - Equivocados están los que piensan que por el mero hecho de ser rico, ya se es dueño de la felicidad. En todos los casos no se cumple ésta, que sólo funciona sobre los **valores estables**. (Vid. Cap. XLVI: **De la felicidad**.)

969 - Ricos y pobres sufren los rigores de la vida. La ventaja que da la riqueza es que proporciona el vehículo para salvar muchas dificultades materiales, que para nada cuentan cuando no se tiene **solvente la vida espiritual**.

970 - Para bien comprender estas realidades es menester no confundir las posiciones y sus proyecciones, y proporciones.

"Yo bien deseo poseer riquezas, mas no las quiero por injustos medios."

Solón

"No admiréis a los que poseyeron mayor riqueza, sino a los que no tienen nada malo que afearse, porque con esta conciencia podrá cualquiera tener una vida más dulce y tranquila".

Isócrates
(Cartas)

"En Cartago no hay torpeza, donde hay ganancia. En Roma no hay cosa más indecorosa que dejarse corromper y enriquecerse con malas artes".

Polibio
(Historia Universal Durante la República Romana)

LXIII
DE LAS NECESIDADES

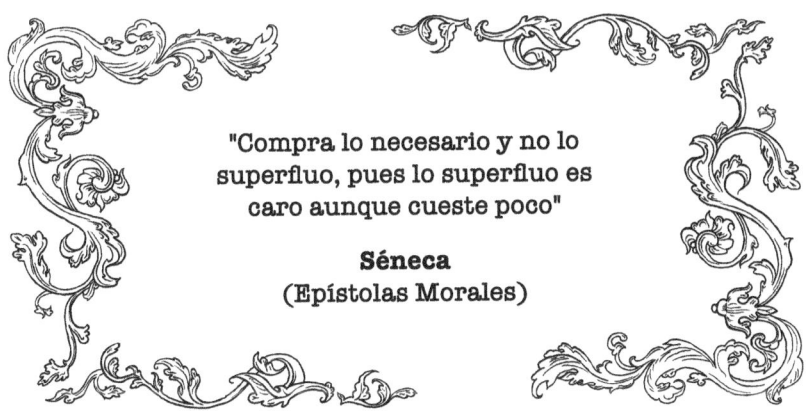

"Compra lo necesario y no lo superfluo, pues lo superfluo es caro aunque cueste poco"

Séneca
(Epístolas Morales)

971 - No te desesperes en tus necesidades. Piensa que alguien pueda padecerlas en mayor grado que tú.

972 - Es propio de hogar bien organizado, en que la economía se mantiene equilibrada, jerarquizar las necesidades y llenarlas en conformidad con esa escala.

973 - Remedia tus necesidades en conformidad con el apremio de cada una de ellas. Las habrá de mayor y de menor urgencia.

974 - La jerarquización de las necesidades, según su urgencia, es señal de buen orden y sensata administración en el hogar.

975 - Cuando a Dios pidas un favor, antes dale gracias por los anteriores recibidos.

976 - Si a pesar de tus necesidades puedes remediar necesidades ajenas, no vaciles en hacerlo, que esto agrada a Dios y tendrás buena recompensa.

977 - La paciencia ayuda a solucionar felizmente las necesidades.

978 - Ten fe en Dios en todo momento.

979 - ¡Dios jamás abandona a quienes en Él confían!

"Muchos malvados en
riqueza abundan,
y muchos buenos gimen
en pobreza;
mas mi virtud no cambie
con sus bienes,
que ésta siempre es de
un modo, y la riqueza
va caprichosa de uno en
otro hombre"

Solón

LXIV
DE LA SABIDURIA Y LA IGNORANCIA

"No es sabio el que conoce muchas cosas, sino el que conoce cosas útiles."

"Mejor es ignorar una cosa, que saberla mal."

Aulo Gelio
(Noches Áticas)

980 - La sabiduría es una felicidad; la ignorancia, una desgracia.

981 - El saber es el mejor refugio en el infortunio.

982 - Cuando algo se sabe mal, mejor es ignorarlo.

983 - Mantenerse firme en el error, es más degradante que ignorar muchas cosas.

984 - El ignorante es el más audaz para hablar y escribir.

985 - Es de sabio la autocrítica y del prudente oír consejos de otros.

986 - Nada vale hablar con **rimbombancia** cuando no hay ideas.

987 - Es propio del sabio rectificar cuando hubiere lugar.

"La sabiduría entra por el amor, silencio y mortificación. Gran sabiduría es saber callar y sufrir, y no mirar dichos y hechos ni vidas ajenas."

San Juan de la Cruz

LXV
DEL AMOR A LA CIENCIA

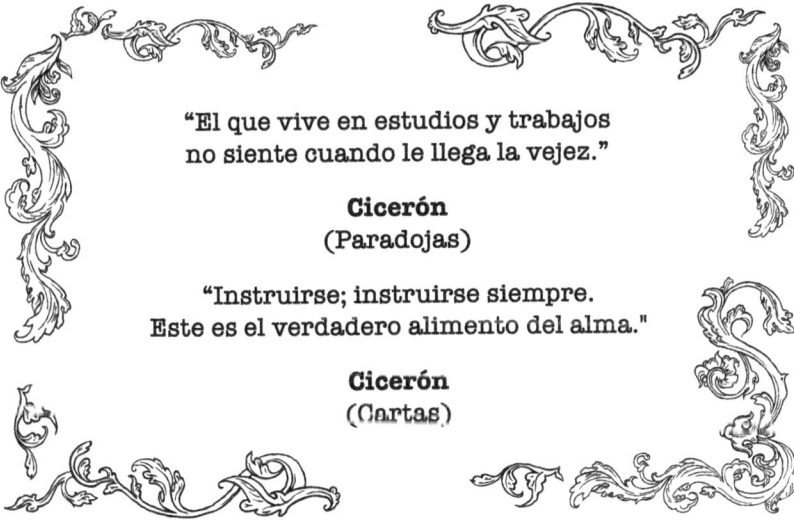

"El que vive en estudios y trabajos no siente cuando le llega la vejez."

Cicerón
(Paradojas)

"Instruirse; instruirse siempre. Este es el verdadero alimento del alma."

Cicerón
(Cartas)

988 - Ama a la ciencia. Desprecia la charlatanería. Supera el empirismo.

989 - Al hablar de ciencias se entiende incluidas todas las disciplinas científicas: las del espíritu (humanísticas), de la Naturaleza (ciencias naturales), físicas, matemáticas...

990 - Para que las ciencias aprovechen al hombre debe combinar las humanísticas con las naturales, físicas, matemáticas, para que en él cuadre la ecuación de la cultura universal.

991 - Se ha exagerado la estimación de las ciencias físico-matemáticas y su aplicación técnica con considerable descuido de las ciencias del espíritu.

992 - Recomiendo a mis hijos, y en especial a Leopoldo José, médico en proceso de elaboración, que no incurra en ese lamentable descuido que raya en error; y debe penetrar metódicamente en el conocimiento de los bienes del espíritu, que le ayudará a mejor proveer en su noble profesión.

993 - El médico, el ingeniero, el odontólogo, el químico y demás especialistas de esas ciencias que egresan de nuestras universidades son unos ignorantes en las ciencias del espíritu. ¡Sensible realidad!

994 - En el área cultural occidental toda se ha venido planteando ese incalificable vacío; y se trata de corregir esos males, mas, en nuestras universidades venezolanas no se dan pasos firmes en la materia.

995 - Angustia esa realidad universitaria. Deben los alumnos de esas especialidades buscar por su propia cuenta llenar ese vacío. Personalmente he tratado de dar mi grano de arena en ese sentido en lo que se refiere a la preparación humanística de mi hijo y amigos cercanos. A ese fin se dirigen las **charlas divulgativas** que les he venido dictando en nuestro hogar.

996 - A continuación traslado algunos parágrafos del estudio del Profesor José Ortega y Gasset intitulado: **Historia como sistema** (Madrid 1958), en que deja oír su autorizada voz sobre tan delicado problema:

" ... La ciencia ha conseguido cosas que la irresponsable imaginación no había siquiera soñado. El hecho es tan incuestionable que no se comprenden, al pronto, cómo el hombre no está hoy arrodillado ante la ciencia como ante una entidad mágica. Pero el caso es que no lo está, sino, más bien al contrario, comienza a volverle la espalda. No niega ni desconoce su maravilloso poder, su triunfo sobre la naturaleza pero, al mismo tiempo cae en la cuenta de que la naturaleza es sólo una dimensión de la vida humana, y el glorioso éxito con respecto a ella no excluye su fracaso con respecto a la totalidad de su existencia."

" ... La ciencia sabe hoy muchas cosas con fabulosa precisión sobre lo que está aconteciendo en remotísimas estrellas y galaxias... Pero entretanto ha ocurrido que esa misma ciencia ha pasado de ser viva social a ser casi despreciada por la colectividad...
La ciencia no sabe nada claro sobre el hombre. ¿No es esto vergonzoso? Resulta que sobre los grandes cambios humanos, la ciencia propiamente tal no tiene nada preciso que decir. Ello nos hace reparar en que la ciencia, la razón a que puso su fe social el hombre moderno, es, hablando rigurosamente sólo la ciencia físico-matemática y apoyada inmediatamente en ella, más débil, pero beneficiado de su prestigio, la ciencia biológica. En suma, reuniendo ambas, lo que se llama la ciencia o razón naturalista".

997 - Son muchos los testimonios dirigidos sobre la

misma línea de Ortega y Gasset que se vienen produciendo en Occidente. Recomiendo a mis hijos - y en especial a Leopoldo - leer cuidadosamente el **Manifiesto de la Universidad de Harvard** (Estados Unidos) a raíz de concluida la última guerra mundial, en contra del **exceso de tecnificación del individuo**, que sólo ha hecho del hombre un ente atrofiado en la magnificencia de la cultura, reduciéndosele a míseros tornillos de engranaje de una diabólica maquinaria sobre la cual se desliza la humanidad moderna.

998 - Mi máxima aspiración de padre preocupado, que deseo para mis hijos, el mayor alcance por parte de ellos del dominio de los bienes de la cultura, en sus contornos lógicos del humanismo combinado con las técnicas de las ciencias aplicadas, es que no se conviertan en **frágiles tornillos** de ese engranaje que les incapacita para ser libres y tendrán que vivir sujetos a esa **maquinaria diabólica** y a sus artífices.

999 - Aspiro que mis hijos sean verdaderamente libres y capacitados para disfrutar, a los 180 grados del compás, de los bienes de la cultura, sin restricciones, sin limitaciones totalitarias de ninguna procedencia, y, mucho menos, de la delegación servil de su facultad de razonar y existir en manos de soberbios superdotados para **PENSAR POR ELLOS**.

1000 - Deseo que mis hijos sean **hombre** y **mujer**, en su intrínseca condición de seres racionales aptos para **pensar** y **existir** cartesianamente, y no **homúnculo** y **gafa**.

LXVI
DE LA JUSTICIA

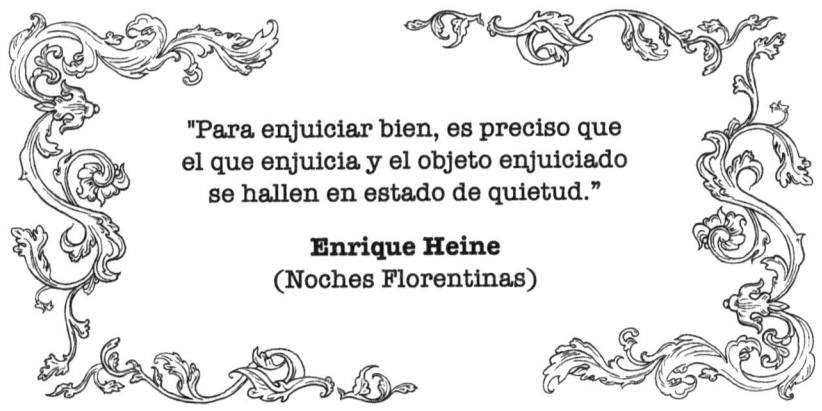

"Para enjuiciar bien, es preciso que el que enjuicia y el objeto enjuiciado se hallen en estado de quietud."

Enrique Heine
(Noches Florentinas)

1001 - Para ser justo es necesario estar desprovisto de pasiones.

1002 - De los actos más delicados encomendados al hombre, es el de aplicar justicia.

1003 - Sé justo en tus actuaciones profesionales.

1004 - Que nunca priven en tu ánimo la procedencia étnica, social etc., para aplicar justicia.

1005 - Si la persona a quien vas a juzgar es mujer no te dejes desviar por sus encantos femeninos, ni por zalamerías.

1006 - No deber privar en tu ánimo la procedencia o filiación ideológica o religiosa del individuo a quien vas a juzgar.

1007 - Para dar tu veredicto oye antes a las partes.

1008 - A nadie tienes que complacer, en pro o en contra, para dar tu veredicto.

1009 - No te dejes influir por nadie, ni por la simpatía o la antipatía para dictar tu fallo.

1010 - Jamás sirvas como juez en el juego de la política ni en las roscas de políticos.

1011 - Si procedes ajustado a tu conciencia y tu moral, no temas en dar tu fallo.

1012 - Si te toca ejercer la decencia, sé justo frente a tus alumnos.

1013 - El catedrático justo, así sea rígido, es respetado por sus alumnos. A quienes estos desprecian es al profesor demagogo y rastrero, así se beneficien momentáneamente de su debilidad.

1014 - En nuestro quehacer diario se nos presenta la oportunidad de ser jueces.

1015 - Siempre tendremos oportunidad de juzgar y ser juzgados.

1016 - Si eres juzgado, la verdad, mantenida en alto, te respalda.

1017 - Si eres tú el juez, no desprecies la verdad, que será tu mejor guía en tu ministerio.

Retrato de la Justicia
"Dícese que es virgen, símbolo de la pureza; dícese que nunca cede a los malvados, que no escucha ni dulces palabras, ni ruegos, ni súplicas, ni adulaciones, ni nada semejante. Por consecuencia de esto, la pintan triste, con la frente tendida y contraída y mirando de soslayo. Con objeto de inspirar a los malvados terror y confianza a los buenos, a éstos muestra semblante amigo y a aquéllos contrario semblante."

Crisipo

LXVII
LA MESA

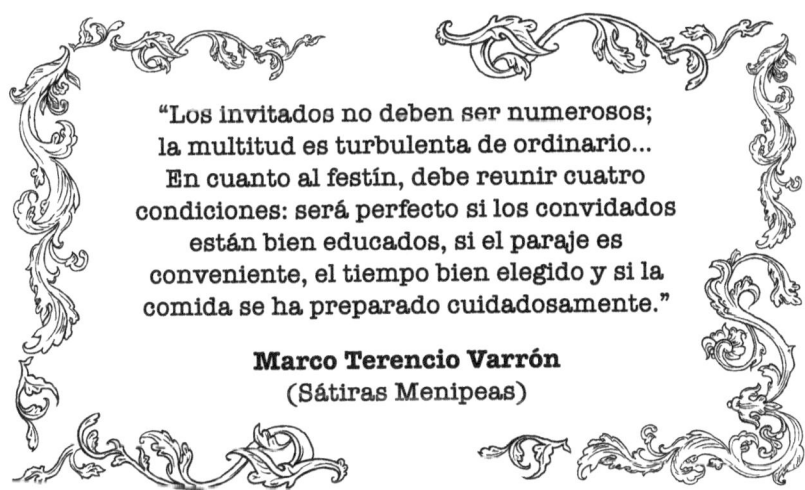

"Los invitados no deben ser numerosos; la multitud es turbulenta de ordinario... En cuanto al festín, debe reunir cuatro condiciones: será perfecto si los convidados están bien educados, si el paraje es conveniente, el tiempo bien elegido y si la comida se ha preparado cuidadosamente."

Marco Terencio Varrón
(Sátiras Menipeas)

1018 - La mesa es semejante al altar. En torno a ella se sientan todos los miembros de la familia a degustar de las delicias que nos regala la naturaleza y también a disfrutar de la paz y el amor; y a dar gracias a Dios por sus bondades y bendiciones.

1019 - La mesa, así sea sencilla y sobria, la hace rica y hermosa la grata compaña y la delicadeza de sus anfitriones.

1020 - ¡Bienaventurados somos los hombres que rendimos culto a la mesa como expresión de arte y cultura!

1021 - La mesa tiene su código que toda persona culta debe respetar.

1022 - En la mesa se demuestra la decencia y la cultura del individuo.

1023 - En la mesa debe privar el más grato ambiente de cordialidad. Es el momento en que todos los miembros de la familia debemos renovar nuestra fe y amor en Cristo para comer, en comunidad, "el pan nuestro de cada día."

1024 - En la mesa se prueba la decencia, la educación y la cultura de los comensales.

1025 - "Comer para vivir", es la finalidad del hombre culto. "Vivir para comer" es el objeto del salvaje.

1026 - El hombre culto debe hacer de la mesa un sublime arte, cuyos ornamentos primeros son los frutos extraídos de la madre tierra, trabajados por la mano del hombre con delicadeza y entusiasmo para nuestro deleite.

1027 - Uno de los momentos más placenteros de la vida del hombre culto es compartir la mesa con amigos gratos.

1028 - Los platos exquisitos y las bebidas generosas y espirituosas son agradables, pero administradas con templanza, para no desvirtuar sus deliciosos efectos. La gula es impropia del hombre culto.

1029 - Cada bebida tiene su encanto propio. La sabiduría en su uso consiste en no excederse jamás.

1030 - Es de elemental obligación para cada comensal, cordializar con los demás, así no sean de su agrado integral.

1031 - En la mesa no deben producirse notas destempladas temperamentales, ni siquiera en tono de juego desafortunado, que pudieran herir los sentimientos personales, religiosos, ideológicos, etc., de alguno de los invitados.

1032 - La mesa no debe profanarse con alusiones procaces o inconvenientes de ningún linaje. Ello empañaría la majestad de su significación intrínseca de altar de paz y cordialidad.

1033 - Debe evitarse en la mesa la conversación en torno a temas desagradables. Hablemos de las cosas "que nadie se ocupa en el foro o en el movimiento de los negocios" recomienda Varrón. ¡Sabia recomendación esta del polígrafo romano!

1034 - Debemos huir de la espinosa **temática política**, que satura el ambiente venezolano, envenena los ánimos y atrofia el desarrollo nacional.

1035 - Los comensales están obligados – y en particular los anfitriones, – a observar tolerancia, prudencia y discreción ante los posibles descuidos, equivocaciones y omisiones de cualquier o cualesquiera invitados.

1036 - Tu circunspección en la mesa exhibe tu grado de refinamiento y garantiza la integridad de las vajillas y cristalería.

1037 - Es nota de precaria educación no dispensar honor

a los platos del menú, como también fumar en la mesa o utilizar los objetos del servicio en uso para descargar la ceniza del cigarrillo, etc.

1038 - En un sentido práctico es conveniente invitar siempre personas que concuerden entre sí para sentarles en torno a la mesa, con el fin expreso de evitarse los anfitriones problemas.

1039 - No olviden mis hijos que el culto a la mesa que se rinde en su hogar es tradición que reciben de las dos familias - materna y paterna - de quienes provienen. Conserven esta expresión de nuestro estilo familiar.

1040 - No debe confundirse el refinamiento que a través de la superación estilizada - apreciado, entre otros órdenes del vivir, en la mesa, - con la glotonería y ostentación de lujo de unos cuantos.

1041 - Comprobación de este aserto: En la humilde casa de un labriego de la campaña puede saborearse el más grato manjar, al igual que en el palacio del príncipe. La diferencia está en los recursos de los útiles de la mesa: en la del campesino es de arcilla, en la del señor, es de plata. Otro testimonio: todavía siguen siendo mujeres humildes las excelentes "maitre de cuisine" de los señores.

1042 - No hay que confundir, tampoco, el festín de los ostentosos, "nuevos ricos", producto de la Roma decadente de la post-conquista de Cartago, –especie de Venezuela petrolera con los banquetes de los patricios del periodo clásico de la República. En su momento aquellos vanidosos fueron acremente censurados. Varrón en sus **Sátiras Menipeas** es duro con ellos.

1043 - ¡Cuidado con cierta crítica improcedente por la dosis de fanatismo que la mueve! Hay quienes, obcecados por un exagerado y mal entendido ascetismo, que raya en morbosidad, ven paganismo en toda expresión de refinamiento y de elegancia, legítimas conquistas del quehacer del hombre culto, que confunden con **el lujo, la perversión**, etc.

1044 - Eurípides, por ejemplo, en su rigidez propone como canon de vida correcta la propia de un anacoreta. Al tratar de la mesa dice: "¿Y qué otra cosa necesitan los mortales que los frutos de Ceres por alimento y el agua bebida? Estos regalos de la naturaleza están a nuestro alcance y nunca producen cansancio ni hastío; pero el hombre pervertido por el lujo busca otros alimentos e inventa manjares refinados." (¿...?) Ahora bien, respetemos el pensamiento, el sentimiento y el resentimiento de los demás en el amplio ejercicio de la libertad.

1045 - Desde que el hombre superó el estado de "salvajismo", emprendió la gloriosa carrera de la superación. En la materia del comer se pierde en los tiempos del pasado la confección de los "manjares refinados". Varrón, varias veces citado en este opúsculo, menciona, en su crítica, estos platos que marcaban la nota de elegancia y refinamiento del buen "gourmet" de la Antigüedad Clásica : "el pavo real de Samos, los tramolines de Frigia, las grullas de Melos, el cabritillo de Ambracia, la murena de Tartaria, la merluza de Pessimonta, las ostras de Tarento, el petoncle de Chío, el estornino de Rodas, el escaro de Cilicia, las almendras de Tasos, los dátiles de Egipto y las bellotas de España." ¡Y fue la cocina romana, al igual de la francesa de nuestros tiempos, la más universalista de su momento!

1046 - Como grato recuerdo de nuestra mesa, que las delicadas manos de nuestra amada y adorable Mamá Pita han hecho una bella expresión de su arte, incluyo en este opúsculo un ejemplar del **menú** usado en nuestras comidas de gala. El citado **menú** corresponde a la comida ofrecida la noche del 22 de septiembre de 1970 por Leopoldo José y María Isabel, en su residencia de Altamira, Quinta "El Rosario", en homenaje a sus muy queridos primos (a la sazón en instancias matrimoniales) Belén Cecilia Romero Duarte y su esposo Juan Cristóbal Vethencourt, Leopoldo Antonio Romero Cárdenas y su esposa María Eugenia Sánchez Ramos y Oscar Enrique Romero Duarte y su esposa Carmen Cecilia Zuloaga Duarte.

[Folletín pequeño inserto en la espina del libro en la página 292. Al final, hay tres firmas manuscritas en bolígrafo azul: Oscar Romero Sánchez, Berta de Romero, Chila de Romero]

Menú

Coquille á la Marseillaise
Poulet á la Menagère
Riz á la creole
Croissants
Mousse au chocolat
Gateau toulousain
Café

le 22 Septembre, 1.970

Vins:
Balsac (Sauterne), 1963
Anjou (Rosé Spécial) 1943

Liqueurs

1970

ELEAZAR CÓRDOVA-BELLO

LXVIII
DE LA POLÍTICA Y LOS POLITICOS

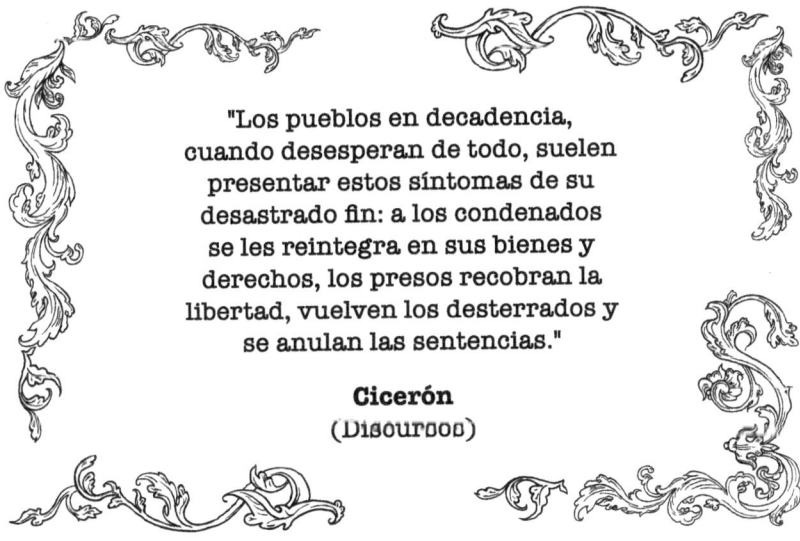

"Los pueblos en decadencia, cuando desesperan de todo, suelen presentar estos síntomas de su desastrado fin: a los condenados se les reintegra en sus bienes y derechos, los presos recobran la libertad, vuelven los desterrados y se anulan las sentencias."

Cicerón
(Discursos)

1047 - Recomiendo a mis dos hijos no militar jamás en partido político alguno, para que no pierdan su libertad.

1048 - En Venezuela las agrupaciones políticas se reducen a comanditas de **logreros** aspirantes a ejercer **el poder** (como "caudillescamente" denominan al gobierno) y repartirse los cargos públicos.

1049 - Por otra parte, en sus procedimientos y empleo de tácticas y estrategia políticas, todos coinciden en la inmoralidad y búsqueda de dividendos **electoreros**.

1050 - Con estas prácticas han prostituido el orden

institucional. Testimonio de esta realidad: el estado que padece la Universidad Nacional, pasto de las apetencias de todos los políticos, **sin excepción**, Bien conozco esta realidad y nadie me convencerá de lo contrario.

1051 - No creas en las promesas de políticos. Su palabra nada garantiza. Es falsa, veleidosa y morbosa, manejada sobre la base de la llamada "estrategia política", deleznable y movediza.

1052 - No te comprometas con políticos porque los intereses de éstos, aparentemente coincidentes con los tuyos, carecen de estabilidad, y resultarán los tuyos arroyados en el juego de sus conveniencias y apetencias.

1053 - El único negocio que se puede hacer con políticos es el de cambiarles una moneda de un bolívar por dos "realitos" y cerciorarse de que estas dos piezas que salen de su bolsillo son genuinas.

1054 - Los políticos padecen de una flexibilidad tal, que le que afirman en un atardecer, impunemente lo niegan o contradicen en el amanecer. Están dotados de la "memoria del perro".

1055 - Los hombres de buena fe creemos en el diálogo, pero los emponzoñados anarquistas se burlan de ese noble medio de comunicación del hombre culto, y, cuando aparentan aceptarle, es con el propósito de imponer sus ideas fijas. Son individuos saturados de resentimiento y expertos en odiar *a priori*.

1056 - El marxismo es contrario a la democracia. La base de sustentación de ésta es la libertad con todos sus atributos, y el punto de partida de aquel es la eliminación de toda libertad.

1057 - Los marxistas sacan provecho de las bondades de la democracia, que en la práctica resulta débil. En el juego político de marxistas y demócratas, aquéllos llevan todas las de ganar, porque nada tienen que perder.

1058 - En Latinoamérica las doctrinas políticas sufren tremendas transformaciones en manos de sus intérpretes.

1059 - En profesores y estudiantes universitarios marxistas he encontrado los más audaces calumniadores del viejo Marx. Es justo declarar, igualmente, que el pontífice León XIII tiene también calificados difamadores en sus mismos seguidores.

1060 - Por formación religiosa y por convicción filosófica soy antagónico al marxismo; pero respeto todos los credos confesionales y políticos y admiro a los marxistas científicos - muy contados en América Latina - quienes pisan terreno seguro dentro de su filosofía.

1061 - La producción intelectual del marxista científico es valiosa y bien se diferencia de aquella emocional y demagógica dirigida calculadamente a explotar la sincera inquietud juvenil para obtener ellos dividendos fugaces. A estos los denomino "**grullomarxistas**" (expresión que hago derivar de Grullo o Groucho Marx, el más pícaro del trío de cómicos: Hermanos Marx).

1062 - La excesiva electrización política que sufre Venezuela, atrofia sus miembros naturales de locomoción e impide su desarrollo.

1063 - Las bondades de la democracia no han sabido aprovecharlas los políticos venezolanos. Y, pese a que digan lo contrario, son ellos sus sepultureros.

1064 - En Venezuela los enemigos de la democracia se benefician descaradamente de su clima de bondad mal entendida por los gobiernos débiles, que no saben o no quieren hacer uso de los recursos con qué les arma la misma democracia para hacer prevalecer, en su justa medida, sus bondades, sin que a éstas se les tome para desatar el libertinaje.

1065 - La democracia posee **fuerza autárquica** para preservarse. En la aplicación de la ley, con toda su, majestad y rigor, el mejor defensor de sus virtudes.

1066 - Cuando la ley se prostituye, por la crisis de autoridad y lo tortuoso de su administración, sujeta ésta a conveniencias bastardas y de beneficios fugaces, obtenidos a fuerza del **cesarismo de partido** o de arreglos y componendas artificiales, entraba su juego lógico, ... y no puede sostenerse.

1067 - La ruina inminente de la democracia abre el paso a lo peor: la dictadura de un hombre o de una banda, tradicional de la América mestiza, hoy reforzada las posibilidades por el nuevo competidor que asoma en el ejercicio de la tiranía. Me refiero a la mentalidad castrocomunista.

1068 - El sector castro-comunista lucha con denuedo por alcanzar el **acceso al poder**. Y el éxito se lo está fabricando la quiebra de la democracia bondadosa y franciscana, provocada por la ceguera de los políticos autosuficientes, árbitros del **subdesarrollado país político**.

1069 - En la crisis que padece Venezuela todos los venezolanos somos culpables, pero la mayor cuota de culpabilidad recae sobre los políticos todos.

1070 - Cree, firmemente en la democracia y sus virtudes, que solo se sostienen por la devoción a sus instituciones, basada en el respeto a la ley.

1071 - La democracia tropical no ha alcanzado ese estadio. Ni se respetan las instituciones ni se acata la Ley. Se sigue rindiendo culto reverencial al título personal del caudillo y se desprecian las instituciones. Esta circunstancia la hace débil y no resiste los ataques de sus enemigos, ni los abusos y mal uso que de ella hacen sus propios corifeos.

1072 - En Venezuela toman cuerpo hoy varios signos que marcan las formas de una crisis de la democracia, con sus proyecciones muy profundas en sus arbotantes más preciados: la autoridad y la libertad, respaldadas por la moral.

1073 - En Venezuela lamentablemente, se ha establecido un divorcio entre moral y política. Corrobora este aserto las zigzagueantes trayectorias de los políticos, trapecistas excelentes. De esta situación hay quienes sacan jugosos dividendos.

1074 - Para los políticos la moral es sólo un vestido circunstancial. Son flexibles al desdoblamiento de su conciencia. Aplico a la moral la ley de los vasos comunicantes. El hombre que en su vida procede de esta guisa, jamás será político activista. ¡Renuncio a formar parte del "cacareado" país político!

1075 - Testimonios de la voluptuosidad de los políticos los ofrecen a diario ellos mismos. "Sus trabajos y sus días" están eminentemente supeditados a sus egoístas intereses, proclives a claudicaciones y bochornosas aberraciones en desmedro del sagrado interés nacional.

1076 - ¿Quiénes forman el subdesarrollado llamado "país político"? ¡La minúscula MINORÍA de líderes de las múltiples toldas políticas que se agitan en este subdesarrollado país!

1077 - En el sistema democrático esas MINORÍAS alcanzan el poder por el voto de las **minorías incautas**, y se convierten en abusadores descarados de ellas y de las **mayorías nacionales** que de buena fe le hacen el juego. Por su parte, las mayorías con su enfermiza apatía dejan *facer y desfacer* a los superdotados del **país político** que conducen a Venezuela al foso.

1078 - No funciona la democracia en su franco juego cartesiano. Muy lejos estamos de ese nivel. No veo salida a la monolítica rasante del subdesarrollo político que roza la cabeza de todos los individuos del **país político**.

1079 - Todos los políticos venezolanos hablan igual lenguaje. Todos manejan "malabarísticamente" los subterfugios de la demagogia. Todos se acusan de las mismas culpas. Todos están dispuestos **a negociar** cuando conviene a sus intereses de partido o a su orgullo, no a los intereses de la nación. Todos son los eternos embelecadores del pueblo incauto, En fin, todos administran las mismas **argucias** y "**marramucias**", en aras de la decantada **estrategia política**, que guillotina la moral. ¡Repugna este clima!

1080 - La verborrea aldeana y caduca de los políticos tropicales es la expresión viva del más DESARROLLADO SUBDESARROLLO POLITICO. El reflejo de **ese opio** lo vemos en la prensa vernácula, especuladora de ese morbo, que llena el 85% de sus columnas diarias con los "dimes y diretes" de los actores del **país político**, perfectos **enanos mentales**, al paso que en las universidades y liceos no se estudia, las filas del trabajo no dan el rendimiento que reclama la nación, que anhela progreso sobre su base cierta de riqueza, la producción decae, con el sello de liquidaciones de empresas y el consiguiente incremento del desempleo. ¡Se camina en sentido contrario al señalado por los pueblos modernos en su franco progreso y desarrollo!

1081 - Los hombres de partido invierten sus opiniones según sean gobierno u oposición, lo que les resta sinceridad, con la consiguiente pérdida de la fe en el pueblo.

1082 - En Venezuela tenemos que aceptar la democracia con las limitaciones e imperfecciones del subdesarrollo político imperante.

1083 - El faccionalismo político y el enguerrillamiento son los mejores aliados de los enemigos del sistema democrático.

1084 - Los venezolanos somos unos "nuevos ricos" de la libertad. Escuálido es el lapso democrático que hemos vivido, pero intensa es la lucha política dirigida dentro de cartabones aldeanos, que en ese corte periodo marcan las líneas de una sui géneris revolución política, la cual llena, hasta saturar, el ambiente nacional, con la pérdida insensible del tiempo en el fomento de la revolución industrial, que absorba el potencial humano venezolano en pro del desarrollo del país. Es esa nuestra salida feliz hacia el progreso y estabilidad de las instituciones.

1085 - La revolución política de corte aldeano, dirigida por líderes enanos mentales, igualmente aldeanos, entraba el desarrollo del país nacional, interferido criminalmente por el país político, del cual sólo sacan dividendos los minúsculos grupitos del gobierno y de la oposición, usufructuarios del patrimonio de todos los venezolanos.

1086 - Las hoy copiosas fuentes de ingresos del Estado venezolano, que se aplican en gran parte y alegremente para satisfacer apetitos personales y escarceos demagógicos, cubren día a día los negativos efectos de la política gubernamental y de la oposición, que mantiene en zozobra a la nación entera, en detrimento del trabajo productivo y fomento de nuestras riquezas por los mismos venezolanos.

1087 - Venezuela vive al día con sus recursos fiscales. La alegre distracción de la inversión de los dineros del pueblo hacia otros drenajes, de incentivo eminentemente político o personalista, han restado vitalidad a la obra de recuperación que demanda la Venezuela actual, amenazada por un incremento demográfico de corte asiático, que es necesario atender urgentemente para evitar que engruese las filas del castro-comunismo.

1088 - Cuando Venezuela se desarrolle y sea el trabajo, creador de progreso y bienestar familiar y ciudadano, el imán que atraiga al hombre de paz y de orden, entonces podremos decir que el país nacional se ha encontrado consigo mismo. ¡Esa será la Epifanía de nuestra Patria!

1089 - Cuando la Venezuela laboriosa y creadora de nuevas formas de vida, en que la justicia social impere como fórmula de bien vivir, y sean las instituciones las que rijan, dentro de una sólida educación ciudadana, las acciones de gobernantes y gobernados, y no el título personal de dictadores y presidentes "democráticos" ad imperator, respaldados por el cesarismo de partido, entonces Venezuela respirará la atmósfera cartesiana, que mide la superación de las personas y la grandeza de la sociedad bien organizada y consciente de sí misma. ¡Entonces Venezuela estará defendida por ella misma!

1090 - Es tiempo de que este clima se inicie en nuestra Patria. Es tiempo ya de que a la vocinglera trepidencia* de los líderes decadentes del artificial país político, se imponga el recto sentir de la Venezuela nacional, que despeje tanto pesimismo, que espontánea e interesadamente, se mantiene en la evaluación sociológico-histórica de nuestro pueblo. Todo esto que para los pesimistas parecerá utopía, podemos lograrlo si despierta la conciencia ciudadana de la Venezuela creadora, hoy anestesiada por la Venezuela política, distorsionadora de su genuina fisonomía, que copa todo el tiempo en su labor de destrucción y desmoralización.

1091 - La ausencia de cartesianismo mantiene a la

mayoría de los venezolanos sumida en la más despreciable mediocridad, que marca la rasante común de todos sus actores. Mediocres los gobiernos, mediocre la oposición y mediocre este pugilato de mediocridad.

1092 - La democracia frustrada por el cesarismo de partido; la dictadura en acecho con su legión de mercenarios, hoy con un nuevo competidor - el castrocomunismo - movido por nuevos estimulantes de cuño exótico, con su oropel de radicalismo, exhiben un panorama desconcertante.

1093 - Mas la Historia no se detiene. Ella recoge la producción de sus Actores, sea brillante, incolora e miserable. Cada generación escribe su historia: la etapa que vive.

1094 - El sistema democrático con todas las fallas que pueda tener, es el mejor por el goce de la libertad reglada por sus leyes. Su antípoda, el absolutismo niega toda libertad y se dirige a supeditar el destino del hombre a la voluntad del tirano. Este sistema es oprobioso, porque esclaviza al hombre.

1095 - Los regímenes totalitarios, de la extracción que fueren, eliminan la libertad y hacen del hombre su esclavo. El que acepta este régimen, renuncia automáticamente a su seguridad y a su vida misma. Renuncia, en fin, a ser el propietario de su propia persona.

1096 - En Venezuela se menciona mucho la palabra política, pero nunca tomada en su riguroso sentido de ciencia y arte de bien vivir, con su nota de búsqueda del bien común, sino de lograr el disfrute de ese bien por unos pocos.

1097 - Política en Venezuela encierra el más pedestre activismo de los "politiqueros" en su afán de destrozar a los demás, y, en la democracia, de ejercer el cesarismo de partido.

1098 - La Venezuela actual es un ente herido del "mal político activista" que impide su desarrollo franco.

1099 - Son el hábil político y el "mercader a la cartaginesa", quienes tienen como consigna "el fin justifica los medios", e incurren en engaño con su propia conciencia.

1100 - Impresiona la confusión que en materia política e ideologías priva en profesores y estudiantes universitarios. Hablan con impunidad de socialismo; ignorando su contenido y mecanismo; de capitalismo, sin conocerlo. No saben que ambas estructuras son muy complejas, imperfectas y ofrecen tremendas contradicciones.

1101 - Jamás he militado ni militaré en partido político alguno. Sustento una filosofía e ideología muy definidas, pero no hipoteco mi libertad en manos de grupos que se dicen conducir mis mismas directrices, que en el quehacer **del activismo político** las tuercen descaradamente sus directores, por lo regular dotados de una autosuficiencia y pedantería insoportables. ¡Sigan mis hijos el ejemplo de su padre!

(Vid. Cap. LXX: **De las élites y masas,** LXXVII: **De las derechas e izquierdas,** LXXVI: **De la conciencia ciudadana y la vida institucional,** LXXXV: **De nuestro tiempo**).

LXIX
DE LA PUBLICIDAD Y EL EXHIBICIONISMO

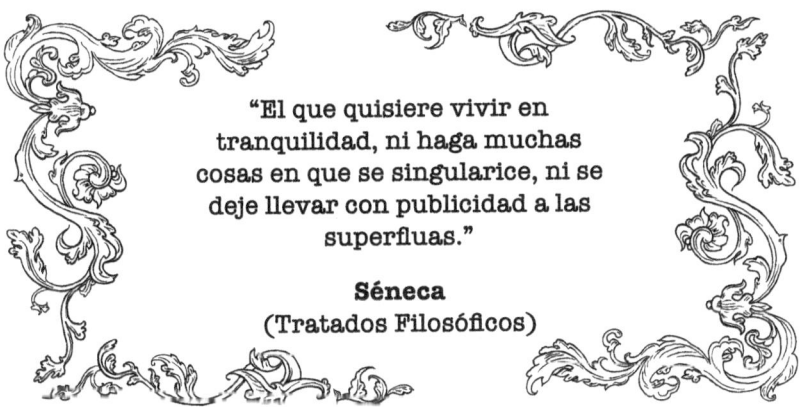

"El que quisiere vivir en tranquilidad, ni haga muchas cosas en que se singularice, ni se deje llevar con publicidad a las superfluas."

Séneca
(Tratados Filosóficos)

1102 - En todas las situaciones evita la publicidad y el exhibicionismo y cuídate en extremo del escándalo.

1103 - Si en tu profesión descuellas por competente y eficaz, tendrás tus mejores apologistas en los beneficiarios de tu ciencia.

1104 - La publicidad es nociva cuando se dirige a alimentar la vanidad y la frivolidad, sustentadas por la mediocridad. ¡Recházala!

1104-A - La publicidad reseña a base de adjetivos fofos y cursis. Y, además de caer en la ridiculez, es morbosa. ¡Recházala!

1105 - La ostentación y el exhibicionismo son propios del mediocre.

1106 - Mis hijos han apreciado el género de vida marcado en su hogar, matizado por un intenso **culto interno** y ausencia de **culto exterior**.

1107 - Mis hijos han apreciado cómo en su hogar se vive con entusiasmo todos los momentos gratos de nuestra vida, sin exteriorización.

1108 - Mis hijos son testigos de la alergia de que padecemos su padre y su madre frente a la publicidad de prensa.

1109 - Mis hijos están en capacidad de apreciar lo enemigos que hemos sido sus padres de la multitud.

1109-A - Mis hijos han apreciado lo contrario que somos sus padres de rendir pleitesía ni adular a nadie.

1110 - Mis hijos conocen cuál es la posición de sus padres frente a las figuras y figurones de la vida nacional venezolana: la mayor parquedad frente a ellos; y en la mayoría de los casos, evitamos su contacto.

1111 - Mis hijos saben cómo actuamos sus padres frente a los amigos que ocupan elevadas posiciones en la vida pública venezolana: ausencia de sus contornos, no por **complejos de ningún linaje**, sino por abstracción convencional del núcleo de aduladores que, circunstancialmente, rodean al **amigo figura**.

1112 - Mis hijos saben, igualmente, como en su hogar se acoge y se agasaja ampliamente a los verdaderos amigos.

1112-A - En fin, mis hijos están bien instruidos por sus padres del porqué de esa **filosofía de la anonimia,** de esa política de la abstracción, que radica en la condición de aluvional de nuestra sociedad.

1113 - Mis hijos bien conocen lo beneficioso que nos ha sido esa conducta y resultado: ¡vivir intensamente en nuestro culto interno hogareño! en lo cual si mantenemos un egoísmo saludable.

1113-A - Si ustedes revisan la prensa caraqueña de hace veinte y cinco años - los tiempos de soltería de su mamá y mía y los primeros años de casados - observarán que figuramos en la prensa; pero, a nuestro pesar. Y, después de casados tuvimos libertad para romper esas líneas, muchas veces impuestas, y marcar las nuestras propias que ustedes conocen.

1114 - Ahora bien, queda a mis hijos, comparar, medir, pesar, tasar, compulsar situaciones y juzgar nuestra conducta.

1115 - Bien es cierto que un profesional joven, que comienza a asentar su nombre, no debe retirarse al **ostracismo voluntario,** a la **anonimia absoluta,** pero sí puede **y debe** substraerse, en todo momento, al exhibicionismo ridículo, cursi y frívolo propio de histriones y payasos.

1116 - Y, por sobre todas las contingencias y **cálculos momentáneos,** preservar la integridad de su hogar, es decir, que no llegue a ese santuario ni le des tú participación, a esa corriente publicitaria circunstancial.

1116-A - Hay que huir del morboso virus de la alabanza y lisonja "croniquera" cursi y morbosa, en oportunidades. ¡Tu novia, tu esposa, tu hija, no van a ser más bonitas y hermosas porque lo diga un cronista vacuo y analfabeto!

1117 - Pienso todo lo contrario de aquellos que actúen por aquel camino: la publicidad de ese tipo, puede, en un momento dado, desmejorar la correcta posición de virtudes, recato, decencia, pulcritud de tu novia, tu esposa, tu hija.

1118 - Recomiendo a mis hijos firmeza frente a las veleidades propias de la sociedad aluvional.

1119 - En la tómbola y vaivenes de la sociedad aluvional sólo tiene que ganar el que nada vale. Aquel que posea algo, lleva todas las de perder ese algo en favor de los aventureros que se agitan al compás de su rodar incoherente.

1120 - Bien conocen mis hijos la amplitud y bondad que priva en su hogar para juzgar a los demás.

1121 - Frente a la publicidad y el exhibicionismo, mantengan mis hijos sus líneas propias y respeten las de los otros.

(Vid. Cap. LXVIII: De la política y los políticos, LXX: De las élites y las masas, LXXI: Actitud frente a la crítica, LXXV: De los altos cargos, LXXVII: De las derechas e izquierdas, LXXIX: De la libertad de pensamiento, LXXXII: De las relaciones sociales, LXXXIII: De las relaciones humanas, LXXXIV: Del ejercicio profesional.

LXX
DE LAS ÉLITES Y LAS MASAS

"Nada hay más inseguro que el vulgo, nada más oscuro que la voluntad de los hombres."

Cicerón
(Discursos)

"Esta turba que hoy me aplaude, mañana pedirá mi cabeza."

Voltaire

1122 - El día que las masas dejen de ser masas, por gracias de la cultura, los políticos de oficio, descarados malabaristas de la demagogia, se morirán de hambre.

1123 - Y, al hablar de masas, atribuida su condición exclusivamente a las capas populares de la periferia social, no debes descuidar las masas de nuestra burguesía, pseudo-ilustradas, más dañinas que aquéllas.

1124 - Sobre las élites de la ciencia y el talento pesa la responsabilidad de la rectoría con su ejemplo.

1125 - Las élites son producto de la superación y la depuración del espíritu.

1126 - Aún las sociedades falsamente masificadas (mundo socialista) son dirigidas por élites. Y, ¡qué élites!

1127 - En la actualidad, la élite más "aristocratizada" y orgullosa es la rusa soviética.

1128 - Mis hijos, por lógica y por convicción, tienen que ser elite, sí, elite de la ciencia, élite de la decencia, élite de la cultura, élite de la recta interpretación ciudadana dentro del orden democrático, en fin, élite de la bonhomía.

1129 - Sé inmutable ante las loas de la multitud. Así como hoy te alaban, mañana te execrarán.

1130 - Todos debemos contribuir con nuestro grano de arena en la tarea de **desmasificar** la masa, para quitarle el alimentador de los demagogos sembradores de odio.

1130 - La universidad es élite por su propia condición de formar **especialistas** en las diferentes ramas profesionales.

1031 - La torpeza más aguda es la de los demagogos universitarios cuando hablan y propugnan por una universidad de masas. (¿...?)

1132 - Ahora bien, en los hechos, muy lamentables, esos corifeos de la destrucción universitaria se han "autoconvertido" en masa. ¡Eso sí es cierto!

1133 - En esta materia universitaria se han realizado prodigios en Venezuela en la carrera de la incoherencia.

1134 - En el ámbito universitario venezolano se habla de "universidad elitesca", "universidad imperialista" y tantas otras bellezas, las cuales, según ellos, deben desaparecer, y dar paso a la "universidad de masas".

1135 - Se habla de "masas estudiantiles". Siempre he calificado de **élites** a los sectores estudiantiles universitarios, como los son en Rusia y en cualquier país socialista y de Occidente.

1136 - En las universidades nacionales venezolanas, los "masificadores" hablan a todo volumen de establecer "una sociedad sin clases". Esto no lo han logrado esos corifeos de la "revolución". Pero si han logrado, a todo lo ancho, ¡**una universidad sin clases**!

1137 - El subdesarrollo político da margen para todos los absurdos y en esta materia, en la actualidad convulsionada venezolana, juegan importante papel, en el curso del malabarismo de sus líderes los vocablos: **élite y masas.**

1138 - Mis hijos tienen clara y distinta la idea, en su contenido y proyección, de élite y masa.

1139 - Hasta el presente, la masocracia* no ha prosperado. La humanidad superó esa etapa y difícilmente volverá a ella. La realidad es otra: el mundo civilizado sigue dirigido por élites.

1140 - Cuando a mis hijos les planteen este tópico, pidan a sus expositores les mencione un país que hay no esté gobernado y dirigido por élites.

1141 - Las élites se forman como una necesidad imperiosa, en toda sociedad. Y cuando asoman las revoluciones que se dicen buscan la eliminación de las élites, lo que hacen es **sustituir élites por élites**.

1142 - Solo a los ignorantes puede pasárseles semejantes absurdos.

1143 - Aquellos que aceptan esas prédicas, demuestran desconocer, en su mínima expresión, la dinámica social.

1144 - Es necesario ilustrarse para contrarrestar esas peregrinas ideas carentes de sustentación lógica.

1145 - Los que así predican y los que así piensan, viven al margen de la Historia "maestra de la vida".

LXXI
DE LA CRÍTICA Y LA MURMURACIÓN

"Decía Alejandro que era muy de reyes que se hablase mal de ellos cuando hacían bien."

Jenofontes
(Historia de Alejandro)

1146 - Es difícil criticar con filosofía, altura e intención de construir. Es fácil despotricar y desbarrar. Sé permeable al primer estilo e invulnerable ante el segundo.

1147 - Hay dos tipos de crítica: una manejada con altura y filosofía, que puede dejarnos enseñanzas; y otra pueril, malintencionada, "canibalesca" y destructora. Presta oídos a la primera y rechaza la segunda.

1148 - Es propio del mediocre e indeciso preocuparse por los comentarios vacuos.

1149 - En nuestro medio social las gentes son muy dadas a criticar por criticar y por lo regular lo hacen con un matiz autoritario, como si tuvieran la exclusividad de la verdad. La mejor respuesta que puedes dar a esos aspirantes a rectores de la vida ajena, es prestar oídos sordos a sus pretensiones.

1150 - Según la calidad humana del enemigo, en su crítica puede haber verdades.

1151 - El enemigo puede ver en ti lo que tú no ves y lo que tus amigos te ocultan, en su afán de halagarte.

1152 - En la materia intelectual, el arte de criticar está atrasadísimo en la sociedad aluvial venezolana.

1153 - La crítica en este orden, interferida por **el alcaloide** ideológico y político, no da el fruto lógico que le corresponde.

1154 - En vista de ese calor la crítica se ha convertido en un medio del más bajo canibalismo.

1155 - Ese tipo de crítica se dirige a alabar excesivamente a los autores de su relicario y fanatismo políticos y a destrozar a ultranza la obra del que no comulga con sus directrices.

1156 - Es vergonzoso este estado de la crítica intelectual, que en las universidades, y en especial en la UCV, hace estragos y toma relieves de la más supina negación de la cultura.

1157 - Cuándo en Europa crítica intelectual ha alcanzado el estadio glorioso de que a **una obra se opone otra obra**, en América Latina lo que se hace es destrozar, destruir, silenciar la obra del opositor ideológico o filosófico.

1158 - Sobre esta materia de la crítica intelectual no quiero abundar en este capítulo, y te recomiendo leer mi **Discurso de incorporación a la Academia de la Historia** reproducido en la parte IV de esta compilación dedicada a ustedes, mis hijos.

1159 - Otra práctica que se da la mano con la crítica malsana y rastrera, es la murmuración.

1160 - La murmuración y la crítica emponzoñada hacen más daño que el ataque frontal del enemigo.

1161 - Lamentablemente, en la sociedad aluvional venezolana se murmura intensamente.

1162 - Hay expertos profesionales en las malas artes de la murmuración en los órdenes sociales y políticos.

1165 - En el orden político, es cruel la murmuración; no sólo la dirigen sus artífices al individuo político de su desagrado, sino que la extienden a sus familiares, sin piedad alguna.

1164 - La envidia y la perfidia encuentran en la murmuración el mejor vehículo para poner a rodar sus complejos y ponzoña.

1165 - Desprecia al murmurador, pero trata, en lo posible, de no darle alimento a su criminal intención.

1166 - Es tan despreciable la murmuración que la iconografía la representa como una vieja hosca, rugosa y pestilente que oculta la cabeza con un velo. Sostiene en una mano la tea de la discordia y en la otra una víbora.

1167 - ¿Qué hacer frente a la crítica y la murmuración? Mantener firme y nítida nuestra conducta.

1168 - Así como la luz entorpece al murciélago, también la rectitud de conducta destroza la murmuración.

1169 - "La murmuración pasa y el dinero se queda en casa", refrán antiguo que encierra la esencia del cinismo de quien se vale de la murmuración, la calumnia, la perfidia, inescrupulosamente, para obtener o alcanzar algunos fines tortuosos y sucios.

1169-A - Desconfía de quien, para valorizarse a sí mismo, habla mal de los demás.

1169-B - La murmuración es propia de personas malsanas y corrompidas.

1169-C - La murmuración toma caracteres morbosos cuando sistemáticamente se ensaña en persona, cuyo único pecado es no ser igual, moralmente, al murmurador.

1169-D - Si la murmuración y la calumnia surten efectos

1169-A : Esta sección fue renumerada contemporáneamente para corregir la numeración errada de los tiempos pre-computadora.

en el ánimo de tu amigo, puedes tener la seguridad de que ese amigo **no te conoce bien**.

1169-E - Defiende tú, con entereza, a las personas que **bien conoces**, de los zarpazos de la murmuración y la calumnia.

1169-F - Las intimidades de una persona son divulgadas por sus íntimos.

1170 - El murmurador más peligroso es aquél que está dentro del radio de tu afecto. ¡Ese es un Judas Iscariote!

"Tan fácil es censurar los errores como difícil no incurrir en ellos."

Polibio
(Historia Universal...)

LXXII
DE LA RELIGIÓN

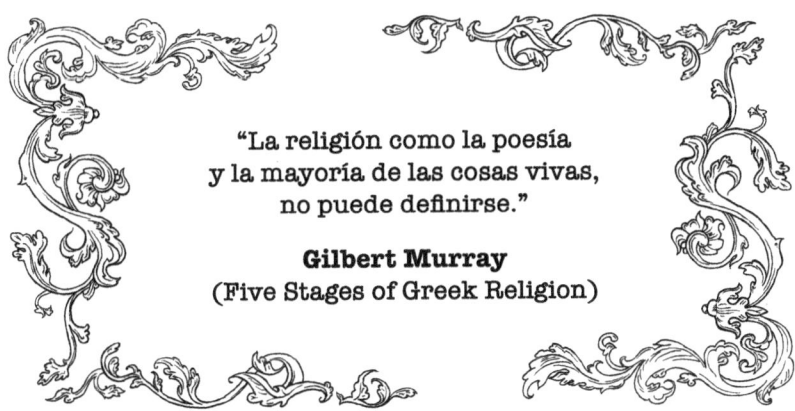

"La religión como la poesía y la mayoría de las cosas vivas, no puede definirse."

Gilbert Murray
(Five Stages of Greek Religion)

1171 - La religión es necesaria en el hombre y la familia como reguladora de su conciencia y su moral.

1172 - La religión se debe sentir y ejercer con sinceridad y espontaneidad.

1173 - El hombre individualmente y la familia toda, deben cumplir a cabalidad con los preceptos de su religión.

1174 - Respeta el credo de los otros, pero defiende con firmeza el tuyo.

1175 - Mis hijos han sido formados dentro de los cánones de la religión católica apostólica romana, revelada por Jesucristo y conservada por la iglesia romana, la cual hemos heredado - ambas partes, materna y paterna - de nuestros mayores.

1176 - En la materia religiosa sigan con fe las pautas dictadas por nuestro Santo Padre, el sumo pontífice romano.

1177 - En los momentos actuales, matizados por cierta confusión que se aprecia, incluso, en el seno del mismo clero, tocados muchos de sus miembros por peculiares signos de una revolución emocional, es menester pisar terreno muy firme en la materia religiosa. Bien sé que mis hijos poseen bases sólidas sobre este tópico, respaldada por una, igualmente, sólida tradición familiar, que seguro estoy transmitirán a sus hijos, mis futuros amados nietecitos.

1178 - Miembros de la familia han consagrado su vida al sagrado ministerio del sacerdocio y el claustro. Si algún hijo de mis hijos demuestra esta vocación, anímenle a profesarla. ¡Es esa una bendición más del Cielo que se derrama sobre nosotros!

"La religión es el código de conciencia."

Simón Bolívar
(Discurso a la Constituyente de Alto Perú,
la cual promulgó la Constitución que creó
la República de Bolivia: 25-V-1826)

LXXIII
DEL AMOR A LA PATRIA

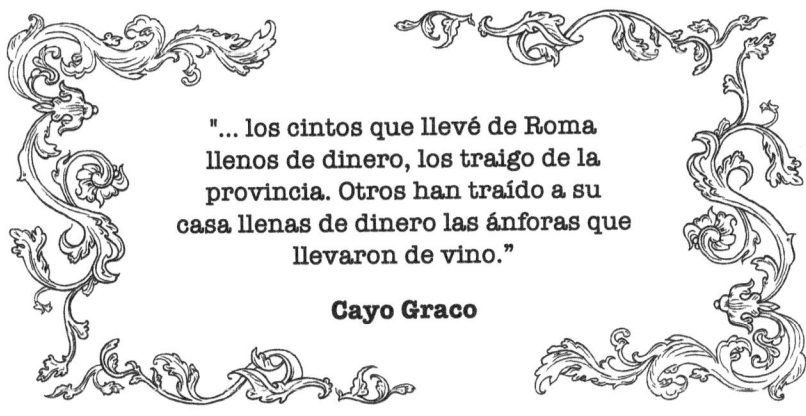

"... los cintos que llevé de Roma llenos de dinero, los traigo de la provincia. Otros han traído a su casa llenas de dinero las ánforas que llevaron de vino."

Cayo Graco

1179 - Todo venezolano debe contribuir al desarrollo de su país y dar su aporte desde el nivel profesional o científico que le corresponde.

1180 - He cumplido con este sagrado deber desde cátedra y con mi obra escrita, dirigidas a cimentar en mis alumnos la **conciencia ciudadana** de que está falta Venezuela. Utilizo como instrumento para esta labor la historia y sus sabias enseñanzas.

1181 - Ama, defiende y sirve a tu patria con devoción y sinceridad. Venezuela necesita de esa calidad de asistencia.

1182 - Sirve a la patria con honradez.

1183 - Si te toca desempeñar algún destino en la administración pública, sigue la conducta de

Adriano, quien considero la república "como bien del pueblo y no suyo propio". Y rechaza la cínica consigna de Luis XIV: "el Estado soy yo".

1184 - La recta función del servidor público es la de atender los intereses de la patria y velar por el logro de la felicidad del pueblo.

1185 - La modestia y honestidad son los mejores testimonios de haber servido bien a la patria.

LXXIV
DE LOS IDEALES

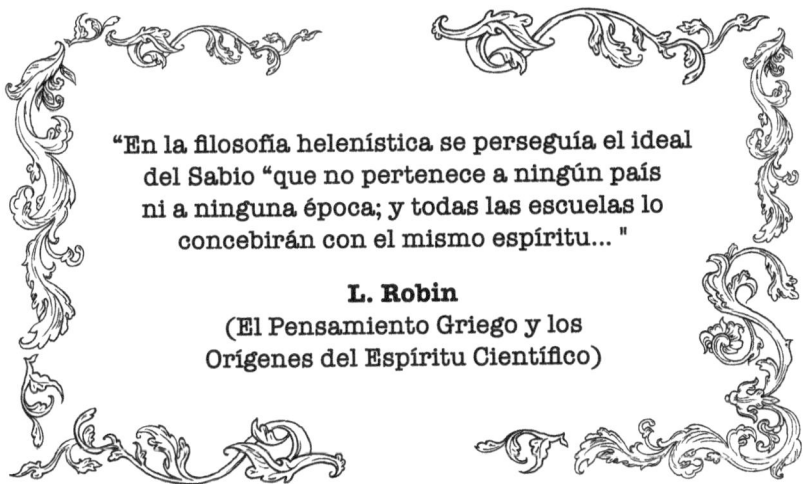

"En la filosofía helenística se perseguía el ideal del Sabio "que no pertenece a ningún país ni a ninguna época; y todas las escuelas lo concebirán con el mismo espíritu..."

L. Robin
(El Pensamiento Griego y los
Orígenes del Espíritu Científico)

1186 - Los ideales son hijos legítimos del espíritu.

1186-A - En los ideales está la superioridad del hombre.

1187 - Los ideales están por encima de todos los demás bienes de la vida del hombre.

1187-A - Los intereses materiales, fugaces y volubles, son frágiles, en tanto que los ideales son firmes y resisten los embates de todo ataque.

1188 - Las grandes empresas de la historia se han realizado al impulso de los ideales.

1189 - El hombre que no tiene ideales es un objeto mísero de los fugaces y accidentales bienes materiales.

1190 - La historia ha demostrado cómo los intereses

perecen y los ideales sobreviven a todas las catástrofes.

1191 - Los pueblos que persiguen y mantienen vivos sus ideales son los pueblos grandes.

1192 - Los pueblos sin ideales están al alcance de los conquistadores.

1192-A - Defender sus ideales, es lo más honroso para el hombre.

1193 - El fruto de los ideales se aprecia cuando se desarrollan con una programación adecuada.

1194 - El hombre tiene muchas fuentes en la vida para cifrar sus ideales.

1194-A - El matrimonio, es un ideal, para el que cifre en él **valores estables**.

1195 - El hogar es un ideal, para el que aspire hacer de él el centro de su vida.

1196 - Los hijos constituyen un ideal para los padres que aprecian en ellos la razón de ser de su existencia.

1197 - La amistad, es un ideal para el que sabe estimarla como un preciado bien de las relaciones del afecto.

1198 - La bonhomía, es un ideal para el que sabe encontrar en ella la expansión del espíritu.

1199 - El amor, es un ideal para el que sabe apuntalarlo en **valores estables** que producen la felicidad.

1200 - La sabiduría, es un ideal para el que aspira a superarse a sí mismo.

1201 - Los ideales se alcanzan con la constancia y la perseverancia.

1202 - Abraza siempre los ideales nobles.

"Un ideal es un ser concebido como único e individual que satisface exactamente todas las condiciones de una idea, exigida por la razón, pero sin ejemplo en la experiencia".

Kant

"Venturoso el que soñando muere; infeliz el que muere sin soñar."

Rosalía de Castro

LXXV
DE LOS ALTOS CARGOS

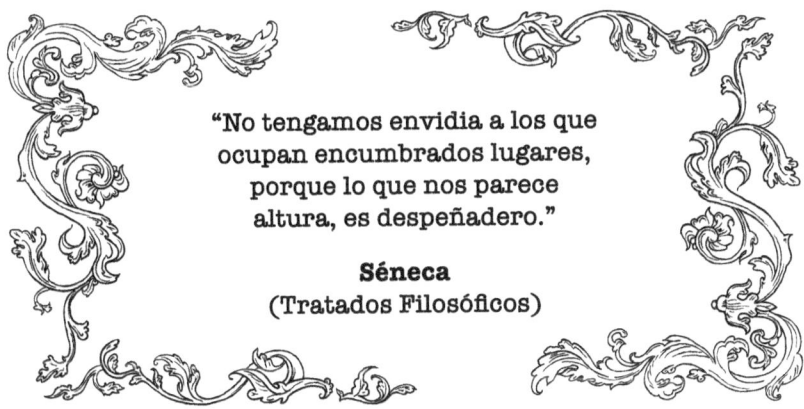

"No tengamos envidia a los que ocupan encumbrados lugares, porque lo que nos parece altura, es despeñadero."

Séneca
(Tratados Filosóficos)

1203 - Las posiciones destacadas son, muchas veces, verdaderos tremedales, principalmente en las sociedades aluvionales.

1204 - Ajusta a la justicia y a los reglamentos todas tus actuaciones, para tu satisfacción personal y defensa de ataques, de que es difícil salvarse.

1205 - Si ejercieres altos cargos que envuelvan atributos de autoridad y mando, procede con pulcritud y justicia, para que al final de tu gestión puedas decir como Pericles: "En Atenas nadie ha vestido luto por mí".

1206 - No tomes como ciertas las lisonjas y alabanzas que te prodiguen los cortesanos de oficio mientras ejerces algún alto cargo. Todas estas manifestaciones cesarán al dejar esa posición.

1207 - Con mis amigos **encumbrados** en altos cargos, he optado por la táctica, que muy buenos resultados me ha dado: trato en lo posible de no molestarles. Mi amistad continúa invariable. Me retiro de su lado para dar paso a los aduladores de turno. Ese amigo sabe bien dónde encontrarme.

1208 - Triste y deprimente es el espectáculo que ofrecen las mayorías venezolanas en su afán de cumplimentar al dios de turno. No perdonan ni las fiestas privadas, ni los actos fúnebres, ni la entrada al teatro, para importunar. Al rodear al personaje dan la impresión de esos y títeres de circo bailar al compás de la pandereta.

1209 - No te sumes nunca a ese arreo de borregos. Si el personaje amigo pasa por tu lado, salúdale, pero no acudas a la rueda del **beso mano**. No quites ese lugar a los cortesanos de profesión. Ese personaje "encumbrado "sabe que tú eres su amigo y que en el momento del infortunio serás el primero que acuda a su lado.

1210 - Por experiencia conocen mis hijos esta táctica observada en su hogar. Cuando visitamos a esos amigos, o les invitamos a nuestra casa, seleccionamos momentos y horas "neutras " y bien deslindadas quedan sus actividades de las conversaciones que provocamos en su compañía.

1211 - A los amigos complicados en esas posiciones elevadas, debemos demostrarle nuestra amistad proporcionándoles sosiego.

LXXVI
DE LA CONCIENCIA CIUDADANA Y DE LA VIDA INSTITUCIONAL

"Para poder ser libres debemos ser esclavos de leyes"

Cicerón
(Discursos)

"Derribar las leyes es quitarse así mismo el apoyo"

Aulo Gelio
(Nochas Áticas)

"La libertad es el mejor de los bienes, y si no es igual para todos, no es libertad"

Cicerón
(Tratados Filosóficos)

1212 - Rinde acendrado culto a los principios y a las instituciones.

1213 - Las instituciones decaen cuando los mismos hombres vulneramos y no las defendemos.

1214 - Los hombres somos meros accidentes en la vida de las instituciones.

1215 - Destruir las que nos rigen en el orden de Derecho, es derrumbar sus bases de sustentación.

1216 - La libertad se sostiene si todos nos sujetamos rigurosamente a las leyes.

1217 - Respeta y defiende el régimen de Derecho que te ofrece la democracia.

1218 - En Venezuela se está vulnerando, paulatinamente, como puntos programáticos de una táctica, el imperio de la ley.

1219 - El **desacato a la ley**, método **de guerrear** empleado por los sectores subversivos venezolanos, es mucho más grave y peligroso para el Estado de Derecho, que la acción armada de bandas y guerrilleros.

1220 - Angustia apreciar cómo en Venezuela se mantiene una fría indiferencia, que parte de los gobiernos de políticos, frente a esa anormal y peligrosísima situación, cuyos efectos a corto o largo plazo serán funestos.

1221 - La conducta de los gobiernos de **políticos profesionales** frente a esa anómala situación nos mueve a dudar. Y esta duda se refuerza al ver los sorpresivos y descarados "arreglos políticos", que en todos los niveles, congreso, sindicatos, universidades, etc. dan salida a esas situaciones, táctica que contribuye a prostituir más y más la base de las instituciones, sobre las cuáles descansa el Estado de Derecho.

1222 - Acerca de la contravención de la Ley, mal crónico

venezolano, no hay que hablar mucho. Las pruebas son abundantes y elocuentes. Basta con citar el caso de las universidades nacionales, especie de "estadillos libres y soberanos" dentro de la soberanía nacional, que marca los pasos de un "paragobierno" detonante con el Estado de Derecho.

1223 - La Ley de Universidades de 1958 es tajante en lo relativo al orden ciudadano y de derecho que impera en la nación. En su articulado, que pasó incólume al estatuto reformado parcialmente este año de 1970, se es categórico sobre este tópico.

1224 - Pero, ese mandato legal no se cumple en el recinto universitario, donde actúa abiertamente el más calificado sector subversivo que paso a paso, y rebasando todos los medios y tácticas, busca la desarticulación del régimen de Derecho para imponer su dictadura excluyente de todos aquellos que amamos la libertad.

1225 - Esta situación, alimentada consciente o inconscientemente, de buena o de mala fe, por los gobiernos democráticos, conduce a la liquidación del régimen de Derecho.

1226 - El clima democrático latinoamericano es el mejor alimentador de sus más tenaces enemigos. Estos ocupan posiciones en el congreso y demás cuerpos deliberantes, en los cuales no creen, y, más bien repudian. Gozan de libertad para atacar impunemente las instituciones, como se aprecia en las universidades nacionales, donde se hace la apología de cuerpos armados ilegales y se despotrica del ejército regular, etc. etc.

1227 - La bondad de los gobiernos democráticos con su "mano blanda" y **suave política de pacificación**, alimenta la subversión en diferentes estilos.

1228 - La equivocada táctica de los gobiernos democráticos, que cifran en las diatribas en torno a rivalidades de los **políticos profesionales** en **el poder** con los de la oposición, en que todos, **sin excepción**, lo que hacen es medir el **mercado electorero**, para obtener dividendos en los comicios, les coloca en situación deleznable frente al enemigo.

1229 - Mi pensamiento sobre esta materia lo corrobora día a día el quehacer del gobierno y la oposición. Cada periodo presidencial en el orden democrático venezolano se matiza por la **campaña electorera** sostenida durante el quinquenio por el opositor.

1230 - Los desaciertos del gobierno, lamentablemente *in crescendo*, cada vez, favorecen al competidor. Y, en la actualidad, después del ejemplo ofrecido por Chile, el pueblo más culto de América Latina en la materia política e institucional, el ascenso de la mentalidad dictatorial será fácil por **vías del voto**, aunque **los superdotados del país político venezolano** se obstinen en decir que en Venezuela no "están dadas las condiciones..." No soy profeta. Pero, olvidan esos genios tutelares que el pueblo venezolano es eminentemente emocional… y los fenómenos surgen y se agigantan por sortilegio. ¡Ojalá! esté yo equivocado. El primer satisfecho de mi error, seré yo mismo.

1231 - En vista del giro que en la Universidad Central de Venezuela tomaba el activismo político, matizado por un canibalismo muy peligroso, acompañado de una pirotecnia de plomo adelantada dentro de la más descarada impunidad, entré en pasados años en contacto, personalmente, con líderes de todas las toldas políticas y les expuse la conveniencia de que se discutieran las ideologías y doctrinas políticas, para mejor orientar a la juventud, ya que se hablaba de política con el fusil y no con las ideas. Incluso, redacté una especie de guía para encauzar la discusión a través de la prensa. (Lamento no localizar ese prospecto). En "El Universal" fue acogida mi proposición. Mas, todo quedó en palabras y palabras. Ninguno de los políticos se proyectó con decisión a emprender esa ejemplar campaña, y de paso sea dicho, **muy universitaria**. Los intereses de todos ellos se iban más al campo de batalla, que a la confrontación de las ideas. ¡Mi decepción fue grande!

1232 - El orden institucional democrático, con todas las fallas de que padece en Venezuela, es el mejor. Nos toca a todos demócratas venezolanos tratar de depurarlo y perfeccionarlo.

1233 - Como punto previo para la perfección del sistema, es menester hacer valer, con todo su peso específico, las instituciones sobre el **título personal** que matiza al caudillismo latinoamericano, bien sea de un hombre, ya de una banda, ora representado en el **cesarismo de partido.**

1234 - La historia nos ofrece valiosas enseñanzas en la vida de varios pueblos que han alcanzado y disfrutan de las ventajas de las instituciones, como género del vivir.

1235 - Admira a Esparta. Ama a Atenas.

1236 - Hay que cimentar la **conciencia ciudadana.**

"La libertad del hombre en sociedad consiste en no estar sometido a otro poder legislativo que al que se establece por consentimiento dentro del Estado, ni al dominio de voluntad alguna, ni a las limitaciones de ley alguna, fuera de que ese poder legislativo dictó de acuerdo con la misión que se le ha confiado".

John Locke
(Ensayo de Gobierno Civil)

"La educación corrige la naturaleza y hasta puede suplirla."

Cicerón

LXXVII
DE LAS DERECHAS E IZQUIERDAS

1237 - Bajo el **remoquete** de **izquierda** y **derecha** se alinean los que en política luchan en Venezuela y otros países del orbe.

1238 - Nada en concreto definen esas etiquetas, pero, lamentablemente, tienen vigencia en nuestro medio, en el cual se padece de un impresionante **complejo de izquierdismo.**

1239 - Las etiquetas de **derecha** e **izquierda** surgen al calor de revolución francesa. La primera se adjudicó a la monarquía y se le atribuyó todo lo negativo. La segunda se la apropiaron los **revolucionarios**, quienes se erigieron en los únicos paladines del progreso.

1240 - La historia ha demostrado lo incierto de las dos ubicaciones de **derecha** e **izquierda**, negativas por lo tajante de su intención.

1241 - En realidad las dos determinaciones de **derecha** e **izquierda** responden a dos **actitudes políticas**.

1242 - Los detractores de la **derecha** la asimilan a fuerzas económicas; le atribuyen mezquindad y negación de los derechos de los demás al logro del progreso; le asignan el más negro **rol** en la explotación del trabajador; en fin, **derecha** es el más calificado oprobio de la sociedad.

1243 - Muy interesada es esa estimación de **derecha**. Los hombres alineados en esta actitud arrastran valores positivos que la sociedad organizada se esfuerza por sostener y defender, entre esas categorías se incluyen **el orden y la eficiencia.**

1244 - La **derecha** mantiene el orden necesario para el desarrollo de la sociedad, con la máxima expresión de la garantía de la familia, célula fundamental de toda sociedad y sus atributos esenciales, tales la seguridad personal, el derecho a la libertad de enseñanza, de empresa y de culto; el derecho a la libre iniciativa y al progreso, todo lo cual lleva a la paz, *desideratum* de toda sociedad organizada

1245 - Nadie puede negar la eficacia de **la derecha** en manejo de la economía privada, que se trasluce en eficiencia de la economía pública cuando le ha tocado administrarla.

1246 - Es cierto que **la derecha** ha tendido a la absorción de bienes, que la ha hecho odiosa, y es el flanco más descubierto que ofrece a los ataques de **la izquierda.**

1247 - En nuestros días se ha operado profunda transformación en la mentalidad de **la derecha**, en parte obligada por el **handicap** que para ella representa el marxismo.

1248 - Hoy existe un área avanzada de **la derecha** que está dando sus beneficiosos frutos a la humanidad, sin lo trepidancia* de la revolución socialista de corte marxista-leninista, que, rica en la siembra de odio, sólo conduce a la distorsión, la ruina y la esclavitud del hombre.

1249 - Hoy existe un área reformada del capitalismo, que marca sus pasos de progreso día a día. A su vez, en el área socialista, depurada a través de medio siglo de experimentación dura, (me refiere a la Rusia Soviética) se esperan también profundas transformaciones y rectificaciones gloriosas en su sistema.

1250 - El encuentro de esas dos mentalidades reformadas auguran buenos frutos para la humanidad.

1251 - La mentalidad retrógrada del **maoísmo**, con su extensión **castrista** en América, no acepta aquella evolución. Y, lamentablemente es esa la fuente que informa al marxismo infantil en América Latina.

1252 - **La derecha** reformada es una fuerza importante en la sociedad actual. Es ella la mayor contribuyente del erario público. Ha aceptado las leyes sociales niveladoras de las desigualdades. Ha sido intervenida por el Estado en sus funciones económicas. El aporte de este valioso sector, impulsado por la burguesía progresista y dinámica da su cuota positiva insoslayable a la sociedad moderna donde actúa en el marco de la libertad.

1253 - **La izquierda**, que pretende subrogarse la exclusividad del progreso, no ha dado sus frutos y no ha logrado la destrucción de **la derecha**, por ellos calificada de obsoleta, decrépita, imperialista, neocolonialista.

1254 - Hoy **la izquierda** se ve debilitada por su alianza con el marxismo, enemigo decidido de la libertad que tanto ama la sociedad organizada.

1255 - No es cierto que la burguesía esté decrépita. La burguesía ha sido y sigue siendo el motor del progreso de los tiempos modernos. Hágase un balance de su actuación desde el siglo XV y verán confirmado este aserto.

1256 - No deben confundirse las desviaciones de minúsculos sectores de la burguesía hacia debilidades que sí son negativas, las cuales se acercan más a la decadente aristocracia de la antigüedad y a los "nuevos ricos", la Roma **postconquista** de Cartago, y a la Venezuela petrolera, y a los exhibicionistas magnates de Texas, etc.

1257 - En lo que a Venezuela se refiere, donde se habla desmesuradamente de "ricos", dentro de cuya órbita incluyen a personas y familias de recursos económicos modestos, pero que sí poseen un portentoso patrimonio de decencia, de dignidad, de hombría de bien, en realidad los ricos en la ancha acepción del vocablo, son muy pocos.

1258 - Las condiciones económicas en que se ha venido desenvolviendo la nación, desde su independencia política, no da margen diversificar la riqueza, por lo reducido de su ámbito, en que es el Estado "papá rico" y el pueblo el "hijo pobre".

1259 - La mayoría nuestros "ricos" lo son del producto del comercio, a veces momentáneo y ocasional, productivo, porque la industria, que es la fuente de **producción estable**, no se ha desarrollado en plenitud por la interferencia de la **maldita** revolución política, el caudillismo de los tiranos y su expresión en la democracia, del **cesarismo de partido**, que padecemos desde hace 160 años, por una parte, y las trabas que ofrecen intereses externos e internos hermanados.

1260 - Con todo ese tímido desarrollo, hay en Venezuela hombres de empresa de amplio criterio de los negocios y del propio desarrollo en sus diversas proyecciones, quienes están por encima de la realidad nacional, supeditada al metro mediocre de los gobiernos de políticos profesionales y tiranos, de mentalidad aldeana sumergidos hasta los hombros en unas ideas socializantes, encarnadas en un nacionalismo infantil, de matices variados en cada grupo, que llevan a Venezuela al empobrecimiento inexorable.

1261 - Ese puñado de hombres preocupados y de avance hace lo que puede frente a las ideas fijas de nuestros gobernantes **autosuficientes** y **superdotados** - y lo digo con firmeza, así me califiquen como quieran - ¡son unos aborígenes en la materia de economía!

1262 - Digo esto a **voz en cuello** basado en las medidas que en la materia económica aplican, las cuales son contrarias a lo que demanda la realidad venezolana, que veo muy clara: Venezuela está en la etapa de penetración de su territorio en sus dos tercios. La política económica sensata a seguir es la de abrir el compás de la liberalidad en sus 180 grados, para atraer a los empresarios que adelantarán esa penetración. Esta práctica no es nada original. La Historia nos demuestra con elocuencia los casos de los pueblos desarrollados. Ejemplo: Estados Unidos de Norteamérica (conquista del Oeste), Alemania (poblamiento y desarrollo del Ruhr), Inglaterra, Suecia, Italia actual en toda su extensión.

1263 - El grupo de hombres de empresa venezolanos, que forman la llamada **derecha,** son suficientemente competentes para la conquista del desarrollo nacional, pero no se les da libertad. Los gobiernos, con su **demagogia barata** en continua competencia con sus iguales de la más calificada izquierda emocional, reprimen su potencial de progreso.

1264 - Impresiona apreciar las paradojas que ofrecen nuestros gobiernos **"socialistoides"** de último cuño. El actual equipo, con cuyos personeros más destacados me ligan nexos de añeja amistad y con ellos he compartido ciertos ideales, en especial en la lucha dura mantenida en la UCV, tiene planificado el desarrollo de la Zona Sur de Venezuela, a costa de cuantiosas erogaciones. ¡Muy correcto este paso! Pero ¿quiénes van a emprender la parte esencial del desarrollo de la zona, que consiste en las empresas explotadoras de sus riquezas, que a la vez abre fuentes de trabajo estable, fija población, etc. etc., cuándo la **carrera impositiva** de un Estado voraz amedrenta y ahuyenta a los inversionistas!

1265 - ¿Incurrirá el Estado venezolano en emprender él esa empresa tan diversa? ¿Será tan gruesa la estulticia de los hombres del **gobierno socializante** de pretender emprender por sus propios esfuerzos el Estado, al estilo totalitario, esa empresa tan compleja que abriría **un enorme saco más de consumo burocrático** contraproducente?

1266 - Todas estas interrogantes afloran en mi mente al contemplar la serie de pasos que viene dando el gobierno en la materia que me ocupa. Con estas medidas no van a conseguir hacer más ricos y memos pobres, sino llevar a la rasante de miseria a toda la población venezolana.

1267 - Las reformas apreciadas en el área capitalista avanzada mundial han penetrado con entusiasmo en sectores empresariales venezolanos, donde han encontrado terreno abonado de altruismo; pues, antes que esas líneas marcaran normas en este orden social, es de justicia reconocer que en algunos hombres de empresa venezolanos ya estaban activas.

1268 - Ilustro con algunos ejemplos esta situación: Antes de que en Venezuela se promulgara la Ley del Trabajo en 1936 algunos empresarios realizaban repartos de sus utilidades a sus empleados y obreros y muchas de esas distribuciones sobrepasaban los límites fijados por la citada Ley. El Banco Venezolano de Crédito incluyó en su estatuto de fundación el reparto del 15% de sus utilidades liquidas entre sus empleados. Sánchez & Compañía se proyectaban en sentido semejante. Hubo otros empresarios que así procedieron. Y, después del año 1936 se afinó esta sensibilidad. Eugenio Mendoza y su organización ha observado esta línea

1269 - Esas simpáticas prácticas honran a una casta de hombres, pese a que los **emponzoñados resentidos,** de diversas ubicaciones y filiaciones ideológicas, no lo reconocen y sólo se dedican a despotricar de esos hombres progresistas de la "infame derecha". Hay mucho de complejos en todo esto. Esos críticos emocionales pierden objetividad en sus apreciaciones y por ello no se sostiene su crítica. ¡Envidiosos del triunfo ajeno!

1270 - Todos esos de hidalguía merecen nuestro aplauso. Hay que **deslindarlas muy bien** de ciertas conductas impregnadas de orgullo y flaquezas que puedan ofrecer esos hombres en otros aspectos de su vida.

1271 - Esta breve recuente de las dos **actitudes políticas: derecha** e **izquierda** lo traigo a colación en estas **breves notas** para que mis hijos no vacilen en aceptar la etiqueta de **derecha** que les adjudican. Acepten ese **remoquete**, no por lo que significa para los que se lo apliquen, sino por lo que Uds. representan frente a ellos y en la realidad venezolana.

1272 - No olviden mis hijos que provienen ambos lados - paterno y materno – de familias burguesas, que, con orgullo, han rendido su misión de orden en nuestra sociedad.

1273 - Respondan a aquellos que les califiquen de **derecha** con la declaración de principios que he emitido en el ámbito universitario, especie de **"mollejón" político primitivo y emocional**, en cierta oportunidad que me adjudicaron esa etiqueta: **"NACÍ DERECHA, SOY DERECHA, SERÉ DERECHA, MORIRÉ DERECHA Y POR LOS SIGLOS DE LOS SIGLOS MI MEMORIA SERÁ DERECHA."**

1274 - Nunca deben mis hijos desfigurar ni esconder su identidad. Los que juegan a este malabarismo y se deslizan sobre la cuerda floja, serán los primeros en recibir palo de ambos lados.

1275 - La definición y recta posición del hombre le distingue y le hace acreedor al respeto y estimación. Esta ha sido mi conducta inquebrantable. No tengo que demagogiar* ni **flirtear** con nadie individualmente, ni con agrupaciones políticas.

1276 - Poseo firmes una filosofía y una ideología y respeto las de los demás. Declaro mi **antimarxismo** en todos los grados y niveles. Sus postulados son incompatibles con mis principios.

1277 - Lamentablemente en nuestro país, todas las **toldas políticas** se han venido tiñendo de **rojo** o **rosado**, en aras de una desenfrenada competencia de "**revolucionarismo**", contraproducente.

1277-A - El agiotista, el prestamista asqueroso, el explotador inmisericorde de sus obreros, el cazador de la miseria y necesidad ajenas para apoderarse de lo poco que esos desdichados posean, a "**precio de hambre**"... esos no son derecha ... esos son simplemente **monstruos, arpías, vampiros** abominables, despreciables, aborrecibles, que se alimentan de la sangre de sus semejantes. ¡No se confundan los valores!

LXXVIII
DE LA HISTORIA, "MAESTRA DE LA VIDA

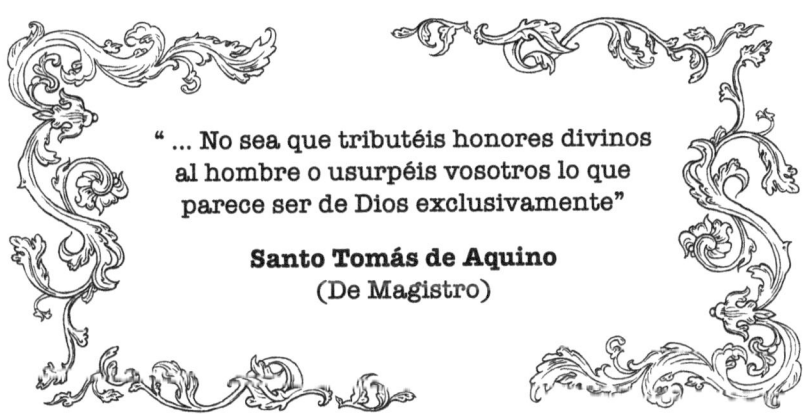

" ... No sea que tributéis honores divinos al hombre o usurpéis vosotros lo que parece ser de Dios exclusivamente"

Santo Tomás de Aquino
(De Magistro)

1278 - La historia es obra de los hombres, no de dioses y demonios, como la conciben algunos.

1279 - Quiero tengan presente mis hijos que mi colaboración a la historia ciencia, de cual me considero profesional, en cuanto a la dedicación exclusiva que doy a su estudio, y enseñanza en la universidad, no es más que un mero aporte, confeccionado, sí, con buena voluntad y cuidadosa revisión, libre de compromisos.

1280 - En mis libros solo digo una palabra acerca de los temas de que trato. La palabra última es muy difícil darla en la historia.

1281 - Mi única aspiración en torno a Mi trabajo histórico

es la de que abra puertas y estimule a estudiosos más competentes que yo para emprender o ampliar nuevas búsquedas de la verdad histórica.

1282 - La historia como ciencia que es no admite que se le mire a hurtadillas o con lentes deformadores de la realidad. Tampoco tolera que se le cubra de leyendas de colores variados, ni se le tome como nivel de base para la polémica demagógica, ni como impulsora para hacer de sus actores dioses y demonios.

1283 - Los héroes fueron hombres de carne y hueso. La justa estimación de los héroes es el balance resultante de sus humanas pasiones y virtudes. El empeño de hacer dioses de los héroes constituye el más garrafal error de sus falsos adoradores. Dentro de ese cartabón emocional la obra humana se disminuye ante la del dios todopoderoso.

1284 - La historia en su condición de ciencia no admite ideologías. La historia es neutra. Dentro de la libertad desarrolla en plenitud sus hermosos bienes. Sólo la mentalidad totalitaria pretende someterla a dogmas y cartabones ideológicos, que encadena el pensamiento en una ergástula.

1285 - La obra histórica de, estricto cuño científico, en su base metodológica, es respetable. No interesa el credo político, ni la filiación filosófica o religiosa del intérprete. Debe haber libertad de conceptualidad. En este carácter estriba la bondad de las ciencias humanísticas. Y a todos nos asiste el derecho inalienable de discutirlas dentro del riguroso estilo científico.

1286 - La historia, "maestra de la vida", ha sido despreciada por los venezolanos. Impresiona apreciar cómo hoy se repiten, cual nota temática fatal de un subdesarrollado crónico, los mismos moldes que hace un siglo emplearon nuestros antepasados en la política.

1287 - El autor marxista que con rigor y honradez se ciñe a las pautas marcadas por su maestro Carlos Marx - a quien respeto como filósofo - y no le calumnie, ni tuerce su pensamiento con **a priorismos** y a veces con frivolidad y alevosía, cumple con su deber, es sincero. Y da un aporte más a la evaluación del pasado histórico, al paso que abre las puertas a la discusión científica y constructiva.

1288 - Toda producción en el estudio de la Historia, cualquiera sea la ideología del autor, que no respete los cánones lógicos de la ciencia y sólo la impulse la polémica y la demagogia, dirigidas muchas veces hacia el logro de menudos dividendos momentáneos, jamás trascenderá.

1289 - Cuando en el hacer de la historia Priva la objetividad, así discrepen las apreciaciones de los diferentes intérpretes, entonces sí honramos la ciencia.

1290 - Los historiadores científicos, para quienes la

historia no es añagaza de aventureros, ni saco de embelecadores, ni amuleto de hechiceros, debemos cuidar con pasión unamuniana no traspasar aquellos linderos, que nos deben ser sagrados.

1291 - Al tener como base común la objetividad, todos los intérpretes de la historia: cristianos, agnósticos, materialistas, ortodoxos, idealistas, pragmatistas, positivistas... daremos nuestras aportaciones útiles, las cuales, mediante compulsación serena, generarán luz.

1292 - Los pueblos que atienden a los dictados de su historia son los que se desarrollan y triunfan en la vida de la humanidad.

1292-A - La Historia, "maestra de la vida", es la mejor fuente de sabiduría para los pueblos.

1293 - Desgraciadamente, Venezuela vive eternamente en la edad **del niño**, no se desarrolla, no lee en el libro de la experiencia propia y la experiencia ajena, que es lo que cimenta la sabiduría.

1294 - Los gobiernos mediocres de políticos profesionales pretenden ser ellos los descubridores del Mediterráneo, ya descubierto.

1295 - Y quieren aplicar a Venezuela una serie de medidas y cartabones que en otros pueblos dieron sus frutos desfavorables y funestos y rectificaron.

1296 - Un mero ejemplo para ilustrar situación: en

aras de un nacionalismo infantil, propio de **enanos mentales,** se habla de nacionalizar el petróleo, y no dirigen la mirada al pasado reciente que ofrece México, quien inflamado por ese virus emocional dio ese paso y le costó la ruina y tuvo que regresar.

1297 - Los pueblos que progresan y lo merecen por mil títulos son aquellos que compulsan las situaciones semejantes surgidas en otros pueblos, y miden sus consecuencias, y aprecian las soluciones dadas, y después de procesar todos estos datos aplican la medida acertada, justa, efectiva que podrá salvarles de la catástrofe.

1298 - Pareciera que los venezolanos, y en especial a las minorías que les corresponde dirigir el gobierno, tuvieran tapizado entendimiento.

1299 - A momento nos ofrece el gobierno demostraciones confirmativas de este aserto.

1300 - Como muestra de esa realidad hago referencia hoy a las **charlas semanales** del ciudadano presidente de la República. ¡Cuántas simplezas se dicen en esas piezas! ¡Cuántas veces nos va a descubrir el Mediterráneo! Rafael Caldera es un hombre de buena fe, pero, yo le recomiendo que revise la mayor parte de sus conceptos, especialmente en la materia económica. ¡Debe penetrar en la Historia "maestra de la vida"!

Sobre la materia de Historia encontrarás algún

material en la tercera parte de esta compilación. Y en la cuarta parte, vid. mis palabras de incorporación a la Academia Nacional de la Historia.

"¿Quién ignora que la primera ley de la Historia es que el escritor no oculte nada verdadero, que no haya sospecha de pasión, ni de aborrecimiento?"

Cicerón
(Diálogos del Orador)

LXXIX
DE LA LIBERTAD DE PENSAMIENTO

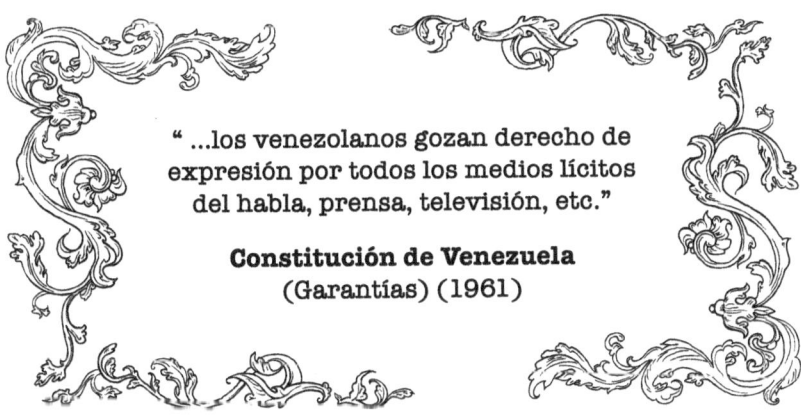

" ...los venezolanos gozan derecho de expresión por todos los medios lícitos del habla, prensa, televisión, etc."

Constitución de Venezuela
(Garantías) (1961)

1301 - Es nota propia del hombre civilizado y culto aceptar la libertad de pensamiento, de sentimiento y **hasta de resentimiento** de los demás.

1302 - Soy más cuidadoso todavía en esta materia de la libertad de pensamiento. En una oportunidad que unos alumnos propalaron la especie de que yo "les reprobaría" por ser ellos "camaradas", respondí simplemente al conocer el infame desaguisado: "respeto la **libertad de imaginación**, así sea esta muy volátil".

1303 - Debes contribuir a mantener el régimen que garantiza la libertad de pensamiento.

1304 - La libertad de pensamiento no significa jamás **impunidad de pensamiento**, como se tolera en estas sociedades subdesarrolladas gobernadas por políticos profesionales buscadores, a todo tranco, de **dividendos electoreros.**

1305 - Haz uso de la libertad de pensamiento en la justa medida. Las ideas se discuten, no se imponen.

1306 - En el uso de la libertad de Pensamiento, sé sincero.

1307 - Procura que tu pensamiento expresado con libertad sirva de estímulo a otros por su mesura y nunca por su despropósito.

1308 - Al expresar tu pensamiento con libertad hazlo con lenguaje de altura, que medirá tu cultura.

1309 - Mantén siempre el tono de tu lenguaje aún frente a los que te ataquen groseramente.

1310 - Se puede ser enérgico en el fondo y suave en la forma. Este arte lo logra el hombre que domina su lengua.

(Vid. Cap. LIV: **De la palabra y la escritura**)

"No nos propongamos otra cosa que decir lo que pensamos y pensar lo que decimos".

Séneca
(Epístolas Morales)

LXXX
DEL DESPOTISMO

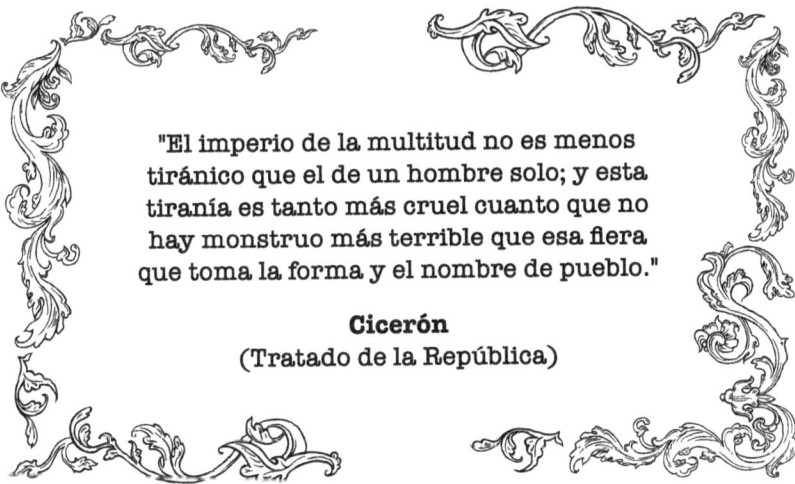

"El imperio de la multitud no es menos tiránico que el de un hombre solo; y esta tiranía es tanto más cruel cuanto que no hay monstruo más terrible que esa fiera que toma la forma y el nombre de pueblo."

Cicerón
(Tratado de la República)

1311 - El hombre que tiene claro y distinto el concepto de la dignidad, jamás podrá aceptar el despotismo.

1312 - Tan despreciable es el que ejerce el despotismo, como el que lo tolera servilmente.

1313 - No seas déspota en ninguna de sus expresiones.

1314 - Domina tus impulsos en todo momento: en tu trato con tus padres, con tu novia, con tus amigas, con tu esposa, con tu hermano, con tus subalternos, de manera que no se asome ningún rasgo de despotismo.

1315 - Muchos venezolanos piensan que para hacerse obedecer, es menester hacerlo con despotismo. Están equivocados.

1316 - El que manda con dulzura es mejor servido que el que lo hace con despotismo.

1317 - Como ejemplo de dulzura tienen mis hijos las actuaciones de su madre.

LXXXI
DEL ORDEN DISCIPLINARIO

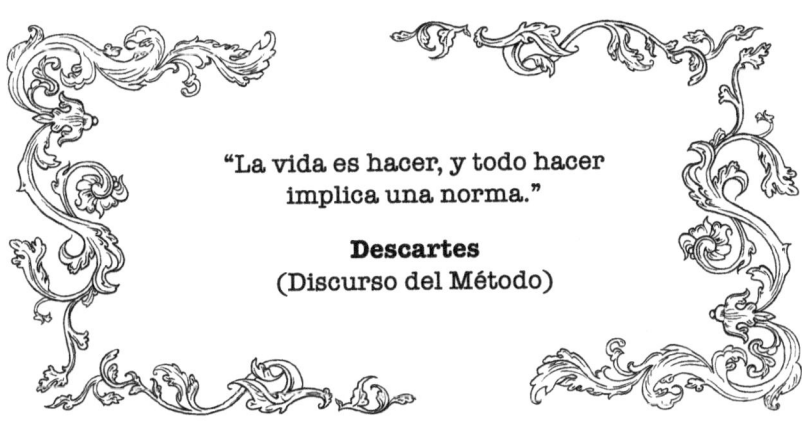

"La vida es hacer, y todo hacer implica una norma."

Descartes
(Discurso del Método)

1318 - Toda actividad desarrollada por el hombre debe ser reglada por normas adecuadas para mejor servir a él y a la sociedad.

1319 - La aplicación de un método lógico a las actividades coloca al hombre en posesión de una técnica para extraer mejores resultados, sin el margen de riesgo y pérdida de energía que encierra el empirismo.

1320 - Para regir el pensamiento te recomiendo el método cartesiano, basado en la duda, que "conduce a pensar y al pensar se es, es decir, se existe." (Al final copio completos los 4 preceptos en que se fundamenta su método).

1321 - Todas las ciencias y técnicas tienen un método que hay que seguir para mejor desempañarlas.

1322 - Los **políticos profesionales** desconocen el método cartesiano. Son **acertados en desacertar**, porque cada uno de ellos, **con soberbia y petulancia**, se cree **dueño absoluto de la verdad**. No duda, como el maestro Descartes, sino que afirma **a priori**. Y, he allí la fuente de sus errores.

1323 - En la materia económica es donde primero se ven los efectos funestos de la falta de cartesianismo de los **políticos profesionales**.

1324 - El gobierno actual venezolano en esta materia - insisto sobre el tema - ha demostrado ignorancia supina y mucha muchísima soberbia.

1325 - La única cabeza consciente que en la materia económica, apreciada esta como ciencia, actúa en el gobierno actual venezolano es el Dr. Pedro Tinoco, Ministro de Hacienda. Y pienso es llegado el momento de separarse de ese equipo para que conserve su prestigio, porque no puede detener la cadena de despropósitos que tiene programado el gobierno. Ese ilustre venezolano, hombre brillante en la actividad privada, donde ha demostrado eficiencia y competencia, hace lo que puede en el cargo público que desempeña.

1326 - La disciplina es un regulador lógico de la sociedad, de la cultura, del espíritu, cuyo cometido se cumple cuando ha conformado plena en el individuo como tal y como parte alícuota del macromundo a que pertenece, en que el reconocimiento y disfrute cabal de la gama de deberes y derechos, supeditados al respeto como valor universal, son los únicos rieles firmes que garantizan el discurrir armónico de la vida toda de los hombres.

1327 - Disciplina es comprensión y metodología de nuestra conducta.

1328 - Como praxis de la disciplina en todos sus órdenes, recomiendo a mis hijos seguir el ejemplo que han visto en su hogar.

1329 - El régimen disciplinario de nuestro hogar se ha fundamentado en el amor, la persuasión y el respeto a la jerarquía legítima que marca nuestra escala de valores, sin perturbar jamás la personalidad del niño en formación, de conformidad con su edad, y sin perturba su dignidad con qué le ha dotado Dios.

1330 - Equivocados están los que conciben la disciplina dentro de un esquema de rigidez tal que aquel preciado bien, denominador común de nuestra organización institucional, que debemos mantener firme, se adultera, se desvirtúa su esencia lata y se transforma en terror, en suplicio, que muy lejos de cumplir el fin lógico jerarquizador de un orden dado, sólo conduce a conformar espíritus abatidos y a elaborar energúmenos, para quienes el día más feliz de su vida es aquél cuando abandonan el colegio o el hogar de ese molde, que dejan atrás como una **cámara de tortura,** de la cual el tiempo les ha libertado. Ese tipo de mal entendida disciplina se identifica con férula.

1331 - En el orden moral es en el que con más cuidado se debe mantener la disciplina.

1332 - En todo momento, aun en las etapas en que te encuentres solo, por circunstancias imprevistas a veces, debes mantener templada la disciplina bien apuntalada con tus convicciones y principios.

1333 - Los casos de desmoralización en el individuo son consecuencia del relajamiento de la disciplina.

1334 - Igual sucede en el orden material. La flojedad del orden disciplinario desarticula todo un engranaje.

He aquí los cuatro preceptos de la lógica cartesiana:
(A) "No aceptar nunca cosa alguna como verdadera que no la conociese evidentemente como tal, es decir, evitar cuidadosamente la precipitación y la prevención y no admitir en mis juicios nada más que lo que se presentase a mi espíritu tan clara y distintamente, que no tuviese ocasión alguna de ponerlo en duda.

(B) "Dividir cada una de las dificultades que examinase en tantas partes como fuera posible y como se requiriese para su mejor resolución".

(C) "Conducir ordenadamente mis pensamientos, comenzando por los objetos más simples y fáciles de conocer para ascender poco a poco, como por grados, hasta el conocimiento de los más complejos, suponiendo, incluso, un orden entre los que no se preceden naturalmente".

(D) "Hacer en todas partes enumeraciones tan completas y revistas tan generales que estuviese seguro del no omitir nada"

René Descartes
(Discurso del Método)

LXXXII
DE LAS RELACIONES SOCIALES

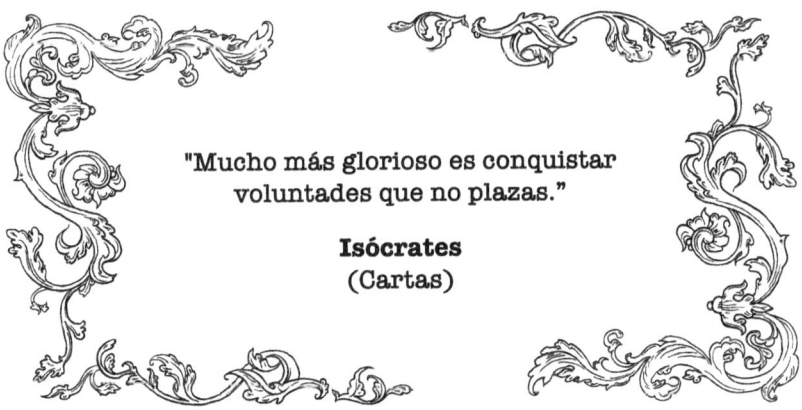

"Mucho más glorioso es conquistar voluntades que no plazas."

Isócrates
(Cartas)

1335 - Es conveniente mantener relaciones sociales, que puedan beneficiarte en tu ejercicio profesional.

1336 - Se servicial en el radio que te toque moverte.

1337 - Si desempeñas un cargo público, es tu deber atender debidamente a los ciudadanos que a ti acudan en relación con tu función.

1338 - Ten las puertas de tu corazón siempre abiertas para todos aquéllos que a tí acudan, pero no olvides que no estás obligado a tomarles como amigos, éstos los seleccionas tú en conformidad con tu educación, tus sentimientos, tu moral y tu cultura. (Vid. Cap. VII: **De los amigos**)

1339 - Las relaciones sociales son muy circunstanciales; muchas veces dependen y fluctúan según el valor relativo que en la sociedad te da tu posición, a veces efímera. (Vid. Cap. XX: **De los aduladores, XLIII: De las lisonjas y los vituperios, L: De la evaluación del hombre, LXVIII: De la política y los políticos, LXXV: De los altos cargos**)

1340 - Sé cordial con todas las personas.

1341 - Sólo en el resentido hay mezquindad para tratar a las personas.

1342 - Te recomiendo muy especialmente no te extiendas demasiado en la "tómbola" **multitudinaria** de las relaciones sociales, por el **malojillo** que arrastra el aluvión de nuestra sociedad.

1343 - Nunca emplees la demagogia y halagos rastreros para hacerte de relaciones sociales, deja esas armas viles a los políticos, que nada tienen que perder y sí ganar votos.

1344 - Prepárate para que no te afecten las ingratitudes e inconsecuencias de los hombres.

1345 - En tus relaciones con todas las personas, por las circunstancias que fueren, siempre valoriza a tu esposa y a tus hijos: **ELLOS DEBEN ESTAR SIEMPRE POR ENCIMA DE TODOS LOS DEMAS EN TU ESPIRITU.**

1346 - Sigue el ejemplo que te he dado sobre este punto: en todo momento, bajo las circunstancias que rijan, mis hijos y mi esposa caben, con privilegio adquirido, donde quiera que yo esté. ¡No vacilen jamás en dirigirse a mí, cualquiera sea el momento" que lo deseen! De no hacerlo ustedes, me sentiré profundamente.

1347 - En las reuniones sociales permanece siempre en compañía de tu esposa. Es esta la primera manifestación de "relación social" que debemos practicar los hombres.

1348 - Cordializa con las damas. Rompe, como lo he hecho yo, ese mal hábito del hombre venezolano de rehuir de la compañía de las **damas honorables**, en las reuniones sociales, y concentrarse en **poñas de masculinos** y entregarse a una estéril chismografía y exhibición de antología de chistes procaces y pornográficos, e ingerir licor, las más de las veces en exceso. ¡Repugna esta práctica masculina en nuestras fiestas!

1349 - No rechazo el que hombres solos puedan platicar, en momentos, de asuntos que sólo a ellos interesa, pero, lo que critico es la **actitud ya crónica** de evadir el cultivar la conversación con damas y retirarse a un rincón exclusivo.

1350 - Si sometemos esa impropia conducta de los hombres al laboratorio de la más elemental cultura, tendremos que condenarles como infractores de lesa cultura y a la vez de actitud ofensiva hacia damas.

1351 - Siempre he pensado que el hombre que así procede, a la primera que ofende es a su esposa, si está presente, y después a las demás damas.

1352 - Desde soltero reaccioné contra Esta abominable práctica. En mi programación de matrimonio incluí el honrar a la mujer en todo momento, así fuere en las manifestaciones más insignificantes, en que incluyo la que me ocupa. He cumplido este número de mi programa y aspiro que mi hijo siga mi ejemplo y que el futuro esposo de mi hija comulgue con este ideario.

1353 - En realidad las mujeres ofrecen también muchos vacíos en este particular. Yo que soy un decidido suyo, en momentos me he sentido desconcertado. Ellas también se **enfrascan** en pueriles conversaciones sobre tópicos domésticos, de modas, etc. y me han dejado en el aire.

1354 - Pase a referirte la siguiente anécdota vivida por mí en ocasión de una reunión casa de tu tía Brígida: Hubo un momento en que yo, único hombre, quedé formando parte de una peña de damas en un rincón apartado. Estas damas dieron rienda suelta a sus relatos sobre temas más pueriles: pañales de niños, domésticas insubordinadas, emociones de la "canasta", problemas sentimentales con sus esposos – intimidades que no debía yo conocer - y una suerte de menudencias más, intercaladas, incoherentemente. Durante todo ese tiempo hicieron abstracción de mi presencia; yo permanecí mudo, como una estatua, dirigían sus miradas a mí, y, en absoluto las cohibía de sus temas. Después de tanto hablar, precisamente cuando tocaban el tópico de los esposos, la dama que me quedaba al lado, arrellanada en una poltrona, me dio una fuerte palmada en la pierna y me dijo: "¡Nó*, CHICA, yo no soporto eso!" ¡Quedé absorto! ¡Me sentí acomplejado! ¡Pero resignado, con dignidad!

1355 - Ahora bien, espero que esta experiencia vivida su padre no imprima derrotismo en mi hijo. ¡Y siga adelante, con paciencia hasta educar a las mujeres a hablar con caballeros.

1356 - El estado cultural de nuestras mujeres, apreciado en el canon tradicional, es muy precario. Se ha pensado, más en el pasado que hoy, que la mujer mientras más ignorante sea, más virtuosa es. Equivocada concepción. Esta estimativa ha mejorado mucho.

1357 - Mas, los hombres tienen una buena cuota de culpabilidad en ese estado de la mujer, por no preocuparse debidamente de su enriquecimiento cultural, por dejarlas solas en las reuniones sociales, facilitándoles la oportunidad de entregarse al pintoresco intercambio de experiencias domésticas y otras minucias.

1358 - Corrobora ese aserto la realidad que ofrecen ciertos matrimonios en que el esposo es un letrado y su consorte nada ha captado de él. Estos casos fueron más frecuentes en las generaciones pasadas.

1359 - En estas consideraciones no pretendo deprimir a la mujer, sino contribuir a realzar sus valores intelectuales que debe desarrollar y se manifieste ansiosa de adquirir, de conquistar los bienes de la cultura, aún a estas alturas, pues nunca es tarde para ello.

1360 - Bien conocen mis hijos el caso glorioso que les ofrece su madre, quien, sin ser de las **mujeres ignorantes**, que, como modelo había forjado la mentalidad tradicional, emprendió estudios Secundarios y culminé una carrera universitaria (Licenciatura en Ciencias de la Educación) y desarrolló, a todo lo ancho, sus potencias intelectuales.

1361 - El caso de esa "**vocación retardada**", que cariñosamente aplico a mi esposa, lo han realizado otras damas, **antiguas jóvenes**, inquietas y ambiciosas de penetrar más y más en los predios de la cultura.

1362 - El caso de tu mamá es muy especial. Estudió hasta el sexto grado, sin poder continuar otros estadios la educación por impedírselo sus padres, quienes así pensaban de *bona fide*. Pero ella jamás permaneció estancada y resignada a ese destino. ¡Toda su vida manifestó una gloriosa inquietud! y los viajes, las lecturas bien disciplinadas, la asistencia a cursos libres, de los cuales tiene diplomas, su asiduidad a las salas de conciertos y charlas, etc., mantuvieron activas sus facultades intelectuales, hasta que encauzó estudios metódicos.

1362 - Cuando inicié mi noviazgo, de siempre grata recordación, con tu mamá, esos años, y les que siguieron después de casados se deslizaron al compás agradable de ese cultivo cultural, lecturas, charlas, conciertos muchos organizados por mí, mantuvieron vivo su espíritu. (Vid. En la segunda parte de esta compilación: **Florecillas de mi hogar**, muestras de esas inquietudes).

1363 - Traigo a colación todo este recuento de nuestro quehacer en este tópico, para ilustrar a mis hijos sobre una experiencia vivida en nuestro hogar, que bien pueden seguir ellos.

1364 - Si la mujer sigue una carrera universitaria, magnífico. Pero, no cursándola, ella puede ilustrarse por otros medios. Lo que interesa es que no se resigne, que no se anquilose, que no muera en la indolencia. Lo que interesa es que desarrolle sus potencias intelectuales y avance en los predios de la cultura.

1365 - Recuerda que tu mamá y tú obtuvieron el mismo año 1966, respectivamente, el título de licenciada en Educación y Bachiller en Ciencias.

1366 - Mucho he hablado de las deficiencias culturales de muchas damas, pero, es justo mencionar también, la crasa deficiencia de muchos caballeros, muchas veces, en inferioridad de grados con las damas. De consiguiente el problema redondea una realidad que debemos revisar **urgentemente**.

1367 - Ahora bien, la petulancia del **malentendido complejo de superioridad** del hombre criollo le lleva, en su engreimiento y ceguera, a considerar que su ignorancia, frente a la mujer es sabiduría. (¡...!)

1368 - Y sobre el tema central de este capítulo: recomiendo a mis hijos enseñen a mis futuros nietos, desde muy temprano, a manejar finas relaciones sociales.

1369 - Y entendiendo más allá todavía el alcance de las relaciones sociales, quiero declarar aquí, que trataré en lo posible de mantener unas **sublimes relaciones sociales** con los miembros de los futuros hogares de mis hijos; y me cuidaré de no interferir en las líneas que marquen ustedes dentro de su soberanía, principalmente en las relaciones con los nietos; pues tienen fama los abuelos de hacer muy malcriados a sus nietos, muchas veces modificando las directrices aplicadas a sus propios hijos.

"No depende de mí vivir mucho tiempo, pero si depende de mí ser honesto mientras viva."

Séneca
(Epístolas Morales)

"El que vive bien, con sólo eso es útil para otros, porque les encamina a lo que les ha de ser provechoso."

Séneca
(Tratados Filosóficos)

LXXXIII
DE LAS RELACIONES HUMANAS

"El valiente no soporta la afrenta; el bueno no la infiere."

Aulo Gelio
(Noches Áticas)

1370 - El hombre es un ser humano, no un dios, de consiguiente, aprécialo como tal.

1371 - El hombre por su condición humana tiene virtudes y defectos; del balance de ellos obtendrás su más justa estimación; su perfecta evaluación.

1372 - No humilles a nadie ni obligues a nadie a pensar y proceder como tú.

1373 - Tienes libertad para seleccionar tus afectos entre tus iguales, movidos por los mismos ideales tuyos.

1374 - Cuando te toque ejercer autoridad, sé enérgico pero con mesura y prudencia.

1375 - Controla tus impulsos. Medita antes de actuar. No te dejes cegar por la pasión y la ofuscación, para que obres con justicia.

1376 - El que depura su espíritu está en condiciones de comprender mejor y perdonar las flaquezas humanas.

1377 - Cuando desempeñes elevadas posiciones en cualquier actividad, recibe a los que a ti se dirijan como desearas tú que te recibiera un alto magistrado.

1378 - El egoísta se despreocupa de los males colectivos y sólo cuando afectan sus intereses propios es sensible a ellos.

1379 - El que mejor manda es aquel que ha aprendido a obedecer.

1380 - Cuando te pidan consejos, di lo que tu conciencia te indique.

1381 - Se puede ser duro en el fondo, pero suave en la forma. Este sabio postulado romano es la base de la sindéresis.

1382 - Es más fácil ser malo que bueno.

1383 - Admira y respeta a los hombres no los idolatres ni endioses.

1384 - Rechaza con energía al rastrero adulador que pretenda endiosarte.

1385 - Desconfía del que pretenda endiosarte.

1386 - No es propio del hombre recto oír lisonjas.

1387 - No olvides que el hombre es hombre, y como hombre está propenso a errar.

1388 - El hombre de espíritu elevado es el que con valor y sin respeto reverencial dice la verdad al prójimo; y no repara en rectificar su error frente al prójimo, cuando haya incurrido en él.

1389 - Del hombre brotan los más ejemplares gestos de bondad y las más gruesas monstruosidades.

1390 - Cuando el hombre se despoja del barniz de cultura y civilización, impulsado por las pasiones, es la fiera más perjudicial.

1391 - El orgulloso que dice: ¡Yo no me equivoco nunca!, ya se equivocó.

1392 - En el manejo de las relaciones humanas hay que ser esencialmente humano. La susceptibilidad es un entorpecedor de las relaciones humanas.

1392-A - Una demostración de muy afinadas relaciones humanas en cada individuo es velar por la seguridad de los demás en todos nuestros actos: al manejar vehículos, etc.

LXXXIV
DEL EJERCICIO PROFESIONAL

"Deja para memoria, no la imagen de tu cuerpo, sino la imagen de tu virtud"

Isócrates
(Cartas)

1393 - En el ejercicio de tu profesión sé un apóstol del deber y esclavo del código deontológico.

1394 - "No todos los caminos son para todos los caminantes", ha dicho Goethe. Mi hijo ha escogido una profesión noble, la medicina pero que reclama ingentes sacrificios.

1395 - El médico que utiliza su noble profesión para fines bastardos y viles, es un perjuro.

1396 - En la misión del médico se incluye ser humano y comprensivo con sus pacientes.

1397 - Es deber del médico ser **paciente** con su paciente.

1398 - La carrera de la medicina seleccionada por mi hijo por pura vocación, es dura a la vez que delicada y de suma responsabilidad su ejercicio.

1399 - En su ejercicio profesional el médico encuentra las más trepidantes paradojas en sus clientes: quienes le endiosen y quienes le execren.

1400 - Cuando se cumple con celo el deber y la conciencia nada tiene que reprocharte, permanece inmutable ante el elogio y ante el dicterio.

1401 - No te exaltes cuando **pacientes** o sus parientes profieran improperios contra ti por creer ellos que tú debes hacer le que ellos quieran. No olvides que el que sabe de la materia eres tú y no ellos. Esto te da el suficiente respaldo moral para seguir tu camino y no prestar oídos a su impaciencia, hija de la ignorancia o del exceso de cariño a su pariente.

1402 - No accedas por amistad ni por cariño a hacer nada contrario a la ética profesional. Debes respetar en todo momento el Juramento de Hipócrates.

1403 - El amigo que se disguste porque tú no accedes a sus intenciones, desconoce lo más sagrado de la amistad: el respeto al deber y a la ética profesional.

1404 - Aún ante tu más decidido enemigo, mantén en alto el respeto a la ética profesional y Juramento de Hipócrates.

1405 - La misión del médico exige la rigidez del militar, la bondad y misericordia del sacerdote y la paciencia del buen educador. Es, pues, múltiple su responsabilidad. La esposa del médico debe ser su más eficiente colaborad (Este capítulo va dedicado casi en su totalidad a mi hijo Leopoldo.)

"Hijo, durante tu vida examina y procura conocer bien tu alma; y si es mal inclinada, no le des libertad, porque no todas las cosas son útiles a todos ni todas las personas se complacen en unas mismas cosas... Honra al médico porque le necesitas, pues el Altísimo es el que le ha hecho para tu bien. Porque de Dios viene toda medicina y será remunerada por el Rey...
"
Eclesiástico (37:30, 38:1)

1405-A: Es nota de pésima educación, y por cierto de mucha circulación entre los venezolanos, plantear, hombres y mujeres, en reuniones, temas de conversación sobre tópicos profesionales, negocios, etc. de su exclusivo interés, haciendo caso omiso de los otros concurrentes.

Los que así proceden incurren en falta grave, en que el primer agraviado es su consorte, si está presente. Debe el médico, el ingeniero, el economista... abstenerse de estos desplantes.

También es censurable la conducta de muchos caballeros de **dejar parados** a su novia, esposa e hijos y correr a saludar a alguien... y prolongar su ausencia. ¡Educación, educación y educación es necesarísimo observar!

LXXXV
DE NUESTRO TIEMPO

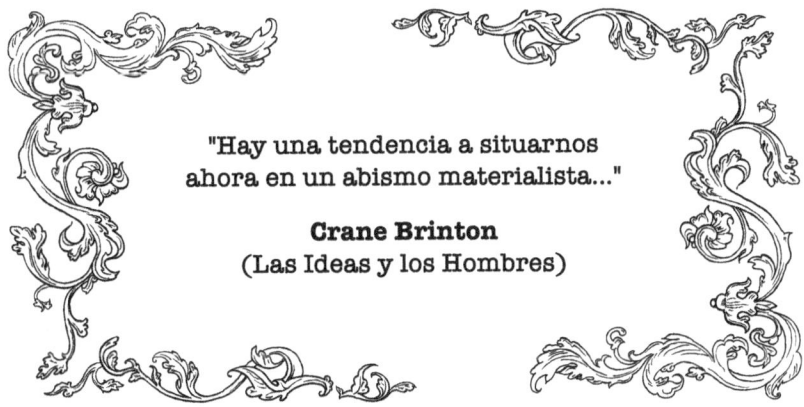

"Hay una tendencia a situarnos ahora en un abismo materialista..."

Crane Brinton
(Las Ideas y los Hombres)

1406 - En la Venezuela de nuestro tiempo los patrones ideológicos aplicados sin mesura y a veces *a priori,* entorpecen el desenvolvimiento lógico del país.

1407 - En esta realidad se aprecia la más triste expresión del subdesarrollo mental. Sobre este tópico mucho podría yo hablar, con exhibición de testimonios acumulados en el quehacer profesional en el ámbito universitario. Es menester revisar los moldes del **estilo, de la crítica y de la enseñanza** de la Historia.

1408 - La mayoría de los intérpretes marxistas de la Historia en Venezuela emplean les primitivos y rígidos esquemas, bastante ampliados y revisados en su contenido y estimativa dentro del área marxista europea y estadounidense.

1409 - Otra carga que no debe soslayarse en un enfoque como el presente, es el tono polémico, que, sin razón alguna, se mantiene todavía en el campo de la Historia, ya en su confección de estudio, bien en el estilo de criticar, ora en su enseñanza. En ese aspecto apreciamos un subdesarrollo mental, que debemos combatir los historiadores que la apreciamos y sentimos como ciencia y no como refugio de frustrados.

1410 - Y tratar de despejar esa nebulosa de conflicto en que se ha movido nuestra Historia de América, desde el momento que el Padre Las Casas dio a los cuatro vientos su **Brevísima Historia de la Destrucción de las Indias** formidable compendio de autocrítica sincera hasta el advenimiento del caudillo Fidel Castro.

1411 - ¡Polémica! en torno a Fray Bartolomé (siglo XVI) ¡Polémica en torno a Fidel Castro (s. XX) y a todo lo que comprende ese dilatado período de más de cuatrocientos años, que constituye la ANTIHISTORIA de América, que es crimen de **lesa cultura** mantener.

1412 - Se repite en nuestro siglo, con semejanzas asombrosas, el desasosiego que experimentó la humanidad occidental desde fines del XV y durante todo el XVI, matizado por la insatisfacción y ansiedad de reformas, de la búsqueda de nuevas puertas que abrieran paso a nuevos módulos de vida.

1413 - En esa pasada etapa crítica fueron alterados todos los cánones que servían de base a la sociedad, con el consiguiente desequilibrio de su célula fundamental: la familia; y fue el odio el motor impulsor, ligado al calor de la lucha confesional.

1414 - También en nuestro siglo se establece una pugna entre fuerzas antagónicas: el materialismo en sus dos facetas teórica y práctica, que pretende hacer del hombre un ente eminentemente biológico; y el idealismo, que reconoce esa realidad biológica, pero la supedita a la rectoría del espíritu.

1415 - Esa rectoría del espíritu ha entrado en crisis en nuestra sociedad actual, al igual que en la centuria del quinientos.

1416 - Mas en aquel momento aciago fue restaurada por la minoría que permaneció al margen de sus incidencias y no se quemó en el fuego de las pasiones.

1417 - En Trento se marcaron los pasos de esa reconstrucción; y la familia tridentina prosperó... y el amor volvió a los corazones... y la sociedad occidental se encontró a sí misma. ¡Es éste el llamado del Concilio Vaticano II de nuestro siglo! que debemos atender todos los católicos.

1418 - Un afán de destruir lo existente se manifiesta notablemente en nuestro tiempo. Pero esos destructores nada proponen como sucedáneo; y los que propugnan alguna fórmula, lo hacen con miras al **socialismo**, como sucedáneo del **capitalismo**.

1419 - No creo en esa fórmula como solución de nuestras deficiencias, porque ambas estructuras - capitalismo y socialismo - son imperfectas. Y, por cierto, por aquí se habla de ellas en alta voz sin conocerlas en sus contornos completos. Ambos sistemas son complejos y ofrecen sorprendentes contradicciones.

1420 - Mas todo este desasosiego no es nuevo. La humanidad ha vivido, en pasados momentos, semejantes convulsiones y contracciones. Cito como ejemplo el siglo XVI. No hay que ahogarse antes de tiempo. Muchas expresiones sucumbirán por su propio peso, por su extravagancia e incoherencia.

1420-A - Revolución **INCULTURAL** china (que sus fomentadores se empeñan en llamar cultural), "locura" cubana, "bochinche" suramericano, "demagogia" en competencia manejada indistintamente por marxistas y **marxistoides,** "degeneración" de los remoqueteados "hippies", manifestaciones de descontrol de varios sectores que se autocalifican de "rebeldes", ... todo eso no se sostendrá .

1421 - Muchas de esas manifestaciones de nuestro tiempo son reminiscencias, con variaciones a veces leves, de las ocurridas en el pasado. Creen sus actores que están descubriendo el mundo.

1422 - Ahora bien, es cierto que en los países subdesarrollados y por añadidura aluvionales, como Venezuela, los estragos de todas esas trepidancias* acciones son más notables, por la falta de preparación que hace débiles a las sociedades imitadoras tipo **simio** y **snobistas***. Y es este el peligro que confrontan los pueblos de esa órbita.

1423 - Todavía hay reservas humanas puras y una reacción de parte de estos sectores salvará la situación y toda esta subversión retrocederá y la sociedad tomará su rumbo y entrará en conciencia de su misión a cumplir.

1424 - ¡Hay que marchar hacia adelante con fe y coraje! La historia no se detiene.

1425 - En el orden espiritual religioso también se manifiesta la **revolución**, con trepidencia* en algunos cleros, como el brasileño. Hay que permanecer alertas y seguir a "pies juntillas" las directrices del Sumo Pontífice Romano.

1426 - El problema más grave lo aprecio en los gobiernos democráticos, débiles por indecisos. Su desacierto abre las puertas al enemigo, quien, con habilidad, sabe sacar provecho a esa situación, rica en errores y despropósitos.

1427 - Los errores de la clase dirigente, muchas veces debidos al cálculo político, y la indiferencia, que se convierte en complicidad, de la burguesía, abona el terreno a la **revolución destrucción**, a la **revolución locura**, a la **revolución histérica** en marcha.

1428 - En Venezuela, las mujeres, "nuevas ricas" de la libertad, se desbocan por el despeñadero de la emoción y contribuyen sensiblemente a complacer a los varones, cuya libertad refuerzan descomunalmente en detrimento de la suya propia y convertirse en más esclavas de ellos que antes.

1429 - En su rebeldía contra los padres, las mujeres, con

altanería e insolencia, desarticulan la estructura tradicional del hogar, en el cual está su defensa natural y se entregan al tutelaje despótico de los varones, ante quienes son sumisas mujeres de la voluntad abolida.

1430 - Es triste este espectáculo que en nuestros días ofrecen las jóvenes de último cuño. Nacen a la vida en los brazos de los novios prematuros. Se convierten en miserables autómatas de sus "dioses de barro", déspotas de la peor calaña. Todos los pasos de su "nueva vida" se les marca el genio tutelar de su idolatría. Si "el genio" es drogómano*, ella también lo será. La educación recibida en su hogar, se viene abajo ... A diario constato esta deprimente realidad de muchos hogares venezolanos.

1431 - Y, es la mujer, paradigma de virtudes en nuestra estimativa familiar, transmitida a través de siglos, la que está ofreciendo estos bochornosos signos de desintegración del hogar.

1432 - Un grupo de degenerados por los efectos destructores de las drogas encabeza una llamada "rebelión" de la juventud bajo la consigna de los primitivos cristianos: "paz y amor".

1433 - Dicen los "nuevos mártires" (¿...?) que la sociedad está decrépita, y hay que reformarla y se erigen en reformadores.

1434 - ¡Qué desplante! Y hay quienes se tragan esas píldoras. Los primitivos cristianos sí se enfrentaron a una sociedad pagana, agotada y sobre sus ruinas estructuraron un nuevo orden, que arrastraba una nueva conciencia, una nueva moral reivindicadora de la dignidad del hombre y la mujer. En fin, hubo en esos primitivos cristianos, verdaderos mártires, un empeño de construir un nuevo edificio que superaba al anterior tambaleante. ¡Su mensaje fue regenerador!

1435 - Hoy surgen intelectuales alcahuetes, de dudosa sinceridad y buena fe, quienes se empeñan en **atribuir un mensaje de paz y propósitos de reconstruir** a estos degenerados, destruidos por ellos mismos a causa de las drogas y otros excesos.

1436 - ¿Qué amor pueden dar esos destructores de su propio amor? ¿Qué paz pueden proporcionar esos enguerrillados dentro de ellos mismos, que mantienen su espíritu en una permanente zozobra que les lleva, finalmente, al suicidio? ¿Qué mensaje puede transmitir un cerebro intervenido por la droga, desarticuladora de toda coordinación?

1437 - Asombra ver cómo se han perdido las formas y las proporciones. Y psicólogos, filósofos, pedagogos... muchos de ellos seguidores de consignas previas, se pronuncian sobre esta línea absurda.

1438 Con frecuencia, oímos el *ritornelo*, ya manido, de que lo que acontece en Venezuela es parte de un todo mundial. Exagerado es este alegato tomado globalmente y muy interesado, cuando lo emplean indistintamente los **políticos profesionales** del gobierno y la oposición para encubrir su incompetencia, sus faltas y sus torpezas.

1439 - ¡No es cierto que en escala mundial se sucedan ciertos signos, principalmente los del orden moral!

1440 - En los países socialistas no hay rebelión del tipo que me ocupa. En las universidades no hay **cogobierno**. El consumo de drogas se castiga con **la pena capital**. (Vid. información de prensa, primera quincena Agosto 1969, que reseña cómo fueron fusilados en Rusia dos estudiantes de ingeniería quienes sedujeron a dos compañeras de estudio bajo la acción de drogas suministradas por ellos.) Esta realidad apreciada en un país socialista nos da pie para extraer muy interesantes conclusiones.

1441 - **Primera conclusión**: Es incierta la universalidad que interesadamente se pretende dar al problema.

1442 - **Segunda conclusión**: Rusia, con medidas drásticas, se esfuerza por mantener limpia la salud mental y corporal de su juventud.

1443 - **Tercera conclusión**: En Rusia no circula la droga, o, se persigue con dureza su tráfico. El menor castigo que aplican a los infractores es el confinamiento y trabajo forzado de años en Siberia.

1444 - **Cuarta conclusión**: Hay a quien interesa degenerar, desintegrar la sociedad occidental para el mejor logro de sus fines de conquista. Un efectivo medio dirigido a esos objetivos es el corrosivo de la droga.

1445 - **Quinta conclusión**: Este infame **método de guerrear** fue empleado por Inglaterra en el siglo pasado contra la China, cuyo pueblo degeneró a base **del opio** trasladado desde la India.

1446 - **Sexta conclusión**: El conquistador de nuestros días es el **comunismo internacional**, que trata de destrozar su competidor, el **imperio capitalista**, dentro de cuya órbita está incluida Venezuela y la América toda, excepto Cuba.

1447 - **Séptima conclusión**: En cada país, objetivo de aquella conquista, hay agentes de los conquistadores que complementan su acción. Estos agentes se encuentran estratégicamente ubicados en los diferentes sectores de la sociedad: profesores y estudiantes de todos los niveles, jueces, políticos en oposición, políticos en el gobierno. Y lo más triste, es que muchos de ellos son efectivos agentes inconscientemente.

1448 - **Octava conclusión**: El que se engaña es porque quiere. Prueba fehaciente que abona en mi favor lo ofrecen a diario los célebres foros, paneles, simposios... que sobre la materia se ventilan por la televisión. Es táctica la sistemática intervención de elementos que directamente atacan alguna **conducta firme** del gobierno frente a la subversión en general y al problema droga en particular.

1449 - **Novena conclusión**: Hay sectores calificados que propugnan por una libertad de expresión, por todos los medios audiovisuales, en términos irrestrictos, para utilizarlos ellos como órganos de propagación de sus tácticas, lo que han venido logrando por la debilidad de los gobiernos de **políticos profesionales** que sólo buscan votos. Y dan "rienda suelta" a esa libertad *sui géneris* que, en el estricto sentido de apreciación de la libertad en su intrínseco valor de proporcionar **el bien vivir**, se convierte en **atentatoria** de esa libertad, por lo que encierra de **libertinaje**, que es la expresión directa de la corrupción de la libertad.

1450 - **Décima conclusión**: Estamos al borde de perder la libertad por el mal uso que de la libertad se hace en estos sentidos.

1451 - **Undécima conclusión**: El programa táctico del conquistador abarca todos los sectores y cuerpos del organograma social de cada una de sus víctimas. Una de sus metas es introducir sus elementos de conquista - entre éstos las drogas - en las filas del ejército.

1452 - Y, lo más triste de esta realidad, es que, en los sectores de la burguesía encuentran el material más vulnerable a sus embates y a la vez el mejor coadyuvador a los fines programáticos de aquel cerebro, que **sí dirige sus cálculos en escala mundial**.

1453 - El problema es complejo, es cierto, pero a esa complejidad han contribuido abiertamente el tratamiento dado y las interpretaciones interesadas y bien calculadas dentro de un orden programático, en torno al problema, de intelectuales tarados y alienados por determinados y muy definidos dogmas.

1454 - Formulo un llamado a mis hijos a meditar detenidamente sobre esta situación que les toca vivir; a no confundirse y a no **ahogarse en un vaso de agua**.

1455 - El que se confunde y se deja arrastrar por el arroyo, es aquel que se encuentra huérfano de orientación moral, y falto de convicciones.

1456 - Esas criaturas abúlicas son el eterno pasto de los demagogos y "prostituidores". Esas son las masas infelices de todos los tiempos, que, lamentablemente, forman bulto en nuestra burguesía.

1457 - Sobre muchas cabezas de familia pesa gran responsabilidad y culpabilidad en este drama.

1458 - Muchos padres han dado a sus hijos una educación de "nuevo rico" en la más amplia significación que encierra esa mentalidad.

1459 - Padres y madres también se han desbocado por la pendiente de la frivolidad. Y, no estoy muy descaminado al afirmar que muchos de ellos han señalado el camino de la perdición a sus hijos. ¡Es doloroso corroborar esta realidad!

1460 - Es menester no correr en "el montón". Acceder a esa corriente es signo de debilidad, de ausencia de convicciones, ... de ignorancia supina.

1461 - ¡La historia no se detiene! Y el que tiene en la

mano sus enseñanzas, salvará las dificultades y estará bien armado para defenderse.

1462 - Mediten mis hijos sobre la responsabilidad que les incumbe al formar hogar. Deben prepararse debidamente para emprender esta altísima misión.

1463 - En mis diarias conversaciones con mis hijos comentamos las despampanantes noticias del momento sobre el tópico "drogas". Es conveniente, y en estas letras confirmo mis recomendaciones, que mantengan estricta vigilancia en sus actividades sociales, estudiantiles, etc. y descarten a todos aquéllos que manifiesten inclinación hacia ese vicio, así sea en el sentido apologético, solamente.

1464 - Rechacen radicalmente, sin titubeos, a todos aquéllos de quienes tengan referencias actúan dentro de esa órbita destructora.

1465 - En los sitios donde se encontraren, así se trate de casas de familia, en que observen esas manifestaciones, lo más conveniente es la retirada inmediata. Permanecer en ese centro significa correr riesgos de diversos órdenes.

FIN DEL TOMO II

EPÍLOGO

Para el libro del Tío Eleazar (Papá Ele)
De su sobrino venezolano-americano,
Duke Banks Romero (Duke Banks III)

Hace unos días me llamó mi querido primo Leopoldo José Córdova con una solicitud muy particular – Como muchacho de 12 años (entre 1958 al 1959) viví un año en casa de los Córdova Romero en la Quinta El Rosario en la Calle La Línea, en Sabana Grande. Fui como un hijo adoptivo de mis tíos, donde pude observar la dinámica de la familia Córdova. Con este antecedente, Leopoldo me pidió escribir un epílogo a la nueva edición del libro de mi tío Eleazar - ***CONSEJOS Y RECOMENDACIONES PARA MIS HIJOS***, subrayando mis recuerdos de mi tío.

Es un gran honor para mi responder a esta solicitud de mis primos Córdova-Romero y hacer este escrito en homenaje a mi querido tío.

Para el lector que no me conoce, es importante hacer notar que soy venezolano por nacimiento. Mi papá, Duke Cusicanqui Banks nació en Chile, hijo de mi abuelo Duke Nicholson Banks, norteamericano, y de mi abuela Elena Cusicanqui, boliviana.

Mi papá, Duke Cusicanqui Banks, se casó con Alicia Romero Sánchez, venezolana, hermana de María Josefina Romero de Córdova (tía Pita), esposa de tío Eleazar.

---

* Para los interesados, Cusicanqui es el apellido de mi abuela Elena. En quechua significa "El Príncipe Feliz."

Antes de yo cumplir los dos años, mis padres se mudaron de Venezuela a Pasadena, California, donde vivían mis abuelos Banks. Por eso soy venezolano-americano, pero más gringo que criollo en el pensar y hablar.

Leyendo la obra y reflexionando sobre mis experiencias en Venezuela, he podido apreciar más el impacto de toda la familia Romero, pero en particular el papel que desempeñó mi querido tío en mi formación como adulto, y de tener orgullo de mis raíces venezolanas.

En mi reflexión noté que empecé a conocer a Papá Ele antes que llegué a Venezuela en 1958. Durante los años '50 mi mamá, Alicia, intercambió cartas semanalmente con su hermana Pita entre Pasadena, California y Caracas. A través de esta correspondencia, poco a poco, recuerdo que mi mamá me mostró su familia de siete hermanos y hermanas; me explicaba quién era quien, y me mantenía al día de los nuevos primos que nacieron durante estos años y otros acontecimientos familiares.

También recuerdo que me explicó sobre las esposas y esposos de sus hermanos, incluyendo a Eleazar, esposo de Pita.

Cuando oía el nombre de Eleazar en los relatos de mi mamá mi papá decía en inglés, "He is such a carácter! He'll talk about anything!" (¡Él es todo un personaje! ¡Puede hablar sobre cualquier tema!). Siempre finalizó su comentario diciendo que mi tío tenía un buen sentido de valores familiares en base del cristianismo, y de buenas costumbres.

Un producto de esta correspondencia entre hermanas fue la idea de un intercambio de primos, para promover mejor conocimiento entre las familias tan lejanas, y la oportunidad de aprender otro idioma y apreciar otra cultura. Esto explica como a los 12 años mis padres me enviaron en un avión de la Pan American en un viaje desde Los Ángeles, California a Caracas, a pasar un año allí. Así es como terminé en la Calle La Línea en Sabana Grande, en Caracas, en casa de mis tíos Córdova y mi abuelo Leopoldo Romero, además de mis primos Leopoldo José y María Isabel.

En ese año Papá Ele fue como mi padre cuando estaba en la casa de Calle La Línea, y Leopoldo José (Polito), y María Isabel (Pachi) fueron como mis hermanos, además de primos. Por supuesto, estaba también la querida tía Pita. Y allí empecé a apreciar lo que habían dicho mis padres sobre la familia Romero, más el carácter de mi tío Eleazar.

Todavía recuerdo los discursos y conversaciones de mi tío sobre una gran variedad de temas, por lo que pude entender la observación de mi papá que Eleazar podía hablar a fondo sobre todo. En particular, recuerdo sus comentarios sobre las primeras elecciones en Venezuela después de Pérez Jiménez, criticando tanto los ADECOS como los COPEYANOS, además de los UERREDISTAS. Pero, aunque teniendo dudas sobre todos los partidos, reconoció, que, por el bienestar de Venezuela, era necesario tener unas elecciones libres después de Pérez Jiménez. Y aunque con esas dudas, nos llevó en el carro para pasear por las calles de Caracas durante las campañas electorales, que parecían una fiesta de carnaval, con cada partido lanzando al público folletos y papelillos de los colores de los partidos – verde, blanco y amarillo.

Pero donde relucía mi tío era en compartir la importancia de los valores familiares en base del cristianismo. Y lo hizo de una manera muy gentil, que se refleja en tres experiencias que recuerdo de ese entonces.

La primera ocurrió en Navidad cuando tío Eleazar nos llevó todos a la Misa de Gallo en la Nochebuena. Al regresar a la casa pasada la una de la mañana, descubrimos que unos ladrones entraron a la casa y robaron los regalos de Navidad, más otras cosas. Como a las dos de la mañana vino la PTJ para hacer su trabajo de investigación. En ese caos Papá Ele vino y nos trató de tranquilizar a Polito, Pachi y a mi, y nos dijo que, aunque sin regalos, todavía se podía celebrar el nacimiento del Niño Jesús.

En su manera de hablarnos a nosotros, aunque triste porque no había regalos, era como una cobija de amor donde pude apreciar lo que significa el amor familiar, que está escrito en varias secciones de su libro.

La segunda ocurrió cuando estábamos jugando futbol en un terreno vacío en la parte alta de Sebucán, y la pelota salió del campo del juego al monte. Salí corriendo a buscarla, sin darme cuenta de que la pelota había noqueado un avispero. Al verme corriendo hacia ellas, las avispas me atacaron. Sufrí cientos de picadas y regresé al campo llorando por el dolor. Papá Ele me tomó bajo sus brazos indicando que todos teníamos que regresar a casa para cuidar "al amigo Duke." Todavía recuerdo su voz gentil tratando de calmarme, recordándome que Jesús sufrió más en la cruz, mientras que tía Pita me aplicaba Caladril en las picadas.

La tercera era cuando Polito y yo decidimos subir al techo de tejas en la Calle La Línea, cosa que Papá Ele nos había prohibido anteriormente. Cuando él nos descubrió en el techo, nos soltó un regaño que se podía oír por toda la vecindad. Al bajar, nos dijo que lo que nosotros habíamos hecho es, además del perjudicarnos por el peligro que corríamos de caer del techo, una falta de respeto a la familia por no seguir los lineamientos que fueron impuestos en nosotros. También me recordó que mis padres les habían encomendado a ellos el deber de cuidarme, y como me sentiría yo si él tenía que informar a mis padres que me había herido (si me hubiera caído) porque desobedecí sus órdenes. Siguió diciendo que el tejido social familiar era la cobija que nos mantenía juntos. El hecho que todavía recuerdo estas palabras de sabiduría más de 60 años después es una muestra del impacto que Papá Ele tuvo en mi vida.

El tejido social familiar también se veía en situaciones

de alegría familiar como los paseos con mis primos a El Junquito, la Colonia Tovar o la playa. En estos paseos acompañados con otros relatos daba énfasis a la historia y cultura venezolana. Jamás olvidaré el tour que nos dio por el Campo Carabobo, explicando la importancia de esa batalla en la historia venezolana. También me ayudó a entender la costumbre latina de utilizar dos apellidos (en el caso mío, Banks Romero) para dar énfasis en el papel de la mujer en la célula familiar, unidad esencial de cualquier sociedad. Me daba discursos que mi nombre en inglés (Duke Banks III) no reconocía la importancia de la familia de mi mamá. Además, con ese número III parecía que era heredero de una corona. Mi contra argumento era que la costumbre norteamericana utiliza el apellido de la mamá a veces como un "middle name" (segundo apellido), como el caso de mi papá con Cusicanqui. Tío Eleazar no lo aceptaba porque no era una norma legal.

Me encantó tanto mi año como muchacho en Venezuela, que escribí a mis padres que no quería regresar a Pasadena porque ésta era muy "boring" (aburrida). Con tantos primos y tíos y tías, siempre había algo sucediendo en Venezuela, y con Papá Ele y la Tía Pita siempre estaba aprendiendo algo.

Como adulto, cuando regresé a Caracas recuerdo muy bien los encuentros en Altamira, donde en la tarde se podían oler los mangos, mientras que en el balcón se oían las teclas de la máquina de escribir manual del Tío Eleazar, escribiendo sus sabidurías.

En la noche muchas veces fui invitado a una cena organizada por la tía Pita. En Navidad recuerdo entre un surtido de quesos, vinos, tequeños, y hallacas, cenas alegres con Papá Ele dirigiendo la conversación sobre varios temas de la civilización occidental. Aquí en un encuentro gastronómico se entremezclaban los ejes fuertes del Tío Eleazar – el arte de la conversación, qué significa ser "culto," una apreciación de la importancia de la célula familiar, y qué significa ser venezolano.

Sin duda, el tío Eleazar, con el respaldo de mi tía Pita, es una de las razones por las que pude entender mejor los elementos positivos de una familia venezolana. Este entendimiento me ayudó a apreciar el rol de la mujer venezolana en la célula familiar, por lo cual logré apreciar a mi esposa venezolana, Elvira Vincentelli Angeli quien es la madre de nuestros tres hijos – Cecilia, Christopher, y María-Verónica más, mi regalo de Dios en esta tierra.

Mi meta es compartir los consejos de Eleazar con mis hijos y nietos para que otras generaciones estimen lo que apreció nuestro querido Eleazar Córdova Bello en su libro.

Gracias a todos que han iniciado este proyecto de reeditar el libro de Eleazar – mis primos Leopoldo José y Alicia, María Isabel y Gerardo, más Aldo y Florángel.

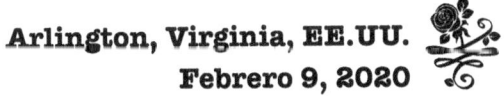

Arlington, Virginia, EE.UU.
Febrero 9, 2020

NOTAS DEL IMPRESOR

Eleazar Córdova-Bello, nuestro Papá Ele, fue un historiador venezolano formado en la Universidad Central de Venezuela. Se dedicó a la enseñanza y a la investigación toda su vida. No lo movió la gloria vana, sino la búsqueda de la verdad en el conocimiento del mundo y de la paz de los suyos, tanto consigo mismos, como con su Dios y sus preceptos.

Para el momento de sus *Consejos y Recomendaciones Para Mis Hijos,* en el año 1970, ya Papá Ele era un autor reconocido en el mundo académico. Su prosa siempre fue clara y la preparación de sus obras conllevaba un enfoque meticuloso a las fuentes, la gran mayoría de ellas recabadas por él mismo en diversos archivos y bibliotecas del mundo.

De la impresión privada de su libro de consejos, en dos tomos encuadernados artesanalmente en alguna buena tipografía caraqueña de hogaño y antaño, deriva esta obra que hoy se pone a disposición del mundo.

Cualquier persona, joven o madura, curiosa por mejorar o conocerse a sí misma por reflexión en el espejo de los escritos de Papá Ele encontrará en este libro un modelo de cómo hacer las cosas en la vida de relación ideal con personas y sucesos de su vida.

¡No hay que ser arcaico, conservador, religioso o

venezolano para apreciar el talento existencial y familiar, aparte de la buena pluma, de Eleazar Córdova-Bello! Su legado humano e intelectual de gran magnitud es ahora de todos nosotros.

ADVERTENCIAS SOBRE LA RECUPERACIÓN DEL TEXTO

Quiero mencionar estas disposiciones sobre el texto de Papá Ele que yo manejé, después de reconocer ópticamente cada página de los libros:

En el libro, se limitan precisamente los textos de Papá Ele para separarlos de los de otros comentaristas contemporáneos antes y después de la obra, tales como biógrafos, prefacistas, prologuistas y epiloguistas.

Comenzando con la Tabla de Contenidos, llamada por el autor 'Índice', todo el texto señalado es original de Eleazar Córdova-Bello, terminando antes de estas notas de impresión, del Glosario y del Índice, que son adiciones contemporáneas de este impresor.

Las palabras en negritas son palabras que el manuscrito original presentaba subrayadas. Las palabras escritas en mayúsculas han sido mantenidas en esa forma. La grafía y la acentuación del manuscrito se han mantenido para preservar sus inclinaciones ortográficas de un hombre libérrimo. Las redundancias erradas de la numeración que él cometió han sido editadas con la simple adición de una letra (p.ej., 120, 120-A) para evitar confusiones.

Se han hecho pocas correcciones básicas e ineludibles, como las hubiese hecho un corrector contemporáneo de pruebas, al poco tiempo que Papá Ele las escribió y casi seguro con su aceptación.

Otras idiosincrasias del autor se han dejado en el texto, siguiendo el precepto del lexicógrafo español Roque Barcia:

"QUIEN DÁ LO QUE SE PIENSA,
DÁ LO QUE SE HABLA."

GLOSARIO DE PAPÁ ELE

(en paréntesis el capítulo o apotegma que contiene al término)

Autocaricatura (XXXVIII) Caricatura de sí mismo.

Cartabona (se) (XLVII:798) Hacerse rígido e inmutable, como hecho con una escuadra (cartabón, RAE).

Corneciervo (XL:178) Cuerno de ciervo, usado en remedios caseros o brujerías.

Cursis (Dedicatoria:32, LXIX:297) Plural idiosincrático de 'cursi': Cosa o acción ridícula.

Drogómano (XXXVIII:164,167, XXXVIII, LXXXV:374) Drogadicto.

Demagogiar (LXXVII:1275) Acto de hacer demagogia.

Duple (V:143) Doble.

Elitesca (LXX:305) Constituido por los mejores o los que se creen mejores (juzgados por ellos mismos), como en el inglés 'elitist'.

Embelecos (XL:177) Agentes de embuste y engaño, en este libro de carácter diabólico.

Ennublecen (XVII:97) Su particular acepción de 'nublar'.

Estotra (XLV:205) Esta otra.

Ex-hombre (XXXVIII:164) Hombre degradado.

Fiestas tumultuarias (XXXVIII:165) Bacanalias y cuasi orgías de gente variopinta.

Manga (XX:108) Lenidad o excesiva indulgencia.

Marañónicos (XXIII:119,123) Pensamientos tendenciosos en lo sexual, derivados de las ideas de Gregorio Marañón.

Masocracia (LXX:305) El gobierno por las masas.

Medimientos (reparar en) (IV:35) Especie de apócope inverso de 'comedimientos' (RAE: Moderación, urbanidad, cortesía).

Nó! (XX:67, XXVI:86, LXXXII:245) Vieja forma de

acentuación enfática (así se escribía en 1969-70...).

Norma-base (XXXV:157) Regla básica.

Parasicología, Parasicólogo (XL:179) Parapsicología, Parapsicólogo.

Parlanchinerías (XV:93) Habladuría.

Proporcionadora (XXIII:121) Su acepción de "poner a disposición de alguien lo que necesita o le conviene (RAE)".

Snobismo (XXXI:145) Su deletreo de 'esnobismo' (quien imita con afectación las maneras, opiniones, etc., de aquellos a quienes considera distinguidos. (Real Academia Española, 2019).

Snobista (LXXXV:256) Esnobista.

Sociedad aluvional (VI, VII, XV, XLVII, L, LXIX, LXXL) (Como excepción, las páginas siguen los rasgos que ECB resaltaba de dicha sociedad)

Papá Ele se refería verbalmente con frecuencia en nuestras conversaciones a dicha sociedad aluvional. Por escrito, el concepto se define colectivamente en varios lugares de este libro, de acuerdo con el contexto en que se usa. Muy seguramente se inspiraba en el germen de este texto argentino: "Era Aluvial (1880). ... es común llamar «aluvional» a todo aquello que llega en forma impetuosa, desordenada, de irrupción repentina y violenta." [https://elarcondelahistoria.com/eraaluvial-1880].

El Diccionario de la RAE (Web, 2019) también define el figurativo "aluvión", en contraste con el aluvión geográfico, de corriente de agua fuerte y de su sedimento, como algo "improvisado, heterogéneo, superficial, inmaduro". De este modo, Papá Ele contrastaba una sociedad ordenada y de sus familias tradicionalmente estables y bien comportadas, con aquellas deficientes familias o grupos humanos inapropiados que inadecuadamente expresan: 'difícil la unidad de la familia' (73); 'muy precaria la unificación de sentimientos' (74); su 'heterogeneidad' (77-78); la falta del justo medio de 'no envidiar a nadie ni ser envidiado' (129); la tendencia a la 'montonera', que es inversa a la calidad (227); sus 'veleidades propias' (300); la ganancia injusta del que nada vale en la 'tómbola' que es tal sociedad y los 'vaivenes' que en ella se sufren (300); y donde se 'murmura intensamente' (309).

Tómbola (LXIX:300, LXXXII:354) Lotería.

Trepidencia (LXVIII:292, LXXVII:330-331, LXXXV:372-373) Trepidación, acciones trepidantes.

Aldo González-Serva, MD
aldogonzalezserva@gmail.com
Boston, Massachusetts, USA / Enero de 2020

ÍNDICE GENERAL

A

Aduladores, 101
Agradecimiento, 141
Ahorro, **241**
Alcohol, **163**
Altos cargos, **321**
Amigos, 32, 43, 63, 67, 71, **77-78**, 85, 87, 102, 111, 125, 134, 141, 144, 164, 165, 179, 206, 211, 230, 231, 235, 268, 276, 298, 299, 308, 322, 353
Amor a la ciencia, **267-270**
Amor a la Patria, **315-316**
Amor al trabajo, **153-154**
Amor, 115
Aniversarios de bodas, 58, 59
Anónimo, 86, 149, 201
Apotegma castellano, 251
Aristófanes, 95
Aristóteles, 182, 187
Arriano, 171
Aulo Gelio, 133, 209, 265, 361
Autosuficientes, **89**, 287, 333

B

Bachilides, 119
Bain, Alexander, 633
Balmes, 97, 247
Banco Venezolano de Crédito, 336
Banks, Alicia Romero Sánchez de, 383
Banks, Cecilia, Christopher y María-Verónica, 389
Banks, Duke Cusicanqui, 383, 388
Banks, III, Duke, 383-389
Barcia, Roque, 393
Bello, Nieves, 72
Bonhomía, 221, 227, 304, 318
Bossuet, Jacques-Bénigne, 182, 187
Boston, 397
Brinton, Crane, 369

C

Caballero, **83-84**, 129, 134, 138, 141, 158, 166, 222, 357, 359, 367
Calderón de la Barca, Pedro, 131
Calle La Línea, 383
Capitalismo, 294, 331, 371
Caridad, 32, 52, 137, 139, 210
Castidad, **119-126**
Castro, Fidel, 370
Caución personal, **155-158**
Cayo Graco, 315
Cecilio, 87
Celos, 127, 129, 107
Charlatanes, **95-96**, 121, 176-

180

Chismosos, 56, 65, **93-94**

Cicerón, 35, 55, 77, 85, 101, 129, 137, 141, 147, 195, 216, 229, 233, 237, 239, 267, 283, 303, 323, 328, 344, 347

Ciencia, 97, 106-7, 121, 126, 227, **267-272**, 304, 339, 350

Concepto jurídico, 45, 55

Conciencia ciudadana, 153, 292, 315, **323-328**

Constitución de Venezuela (1961), 219, 345

Convicciones, 32, 131, **225-226**, 352, 379

Córdova Romero, Leopoldo, **10-15**, 17

Córdova Romero de Stratthaus, Maria Isabel, 12, **17-22**

Córdova, César, 17

Córdova, Maria Josefina Romero Sánchez de, 17

Crédito, **155**, 224

Crisipo, 273

Crítica, 24, 25, 32, 143, 144, 199, 265, 279, **307-310**, 336, 369, 370, 385

Culto a la madre, **37**

Culto a la verdad, **149-50**

D

Dante, 116, 233

De Cervantes, Miguel, 133

De Condillac, Étienne Bonnot, 182

De Herrera, Fernando, 198

De Las Casas, Padre Bartolomé,

De Quirós, Bernardo, 175

De Unamuno, Miguel, 143

Dedicatoria, 31

Definición jurídica, 71

Demócrito, 199

Demóstenes, 171

Derechas, **329**

Derecho canónico, 45

Descartes, René, 115, 186, 202, 349, 350, 352

Despotismo, 41, 81, 185, 195, **347-348**

Dignidad, 42, 55, 83, 103, 106, **131-132**, 252, 332, 347, 351, 357, 375

Discreción, 66, **133-134**, 277

Dolor, 37, 38, 135, 138, **161-162**, 182, 185, 187, 188, 216, 233, 238, 258, 387

Dostoievski, Fedor, 243

Drogas, 53, 163-64, **167-168**, 180, 192, 374-80

Duque de Rivas, 173

E

Ejercicio profesional, 353, **365-366**

Élites, 24, **303-306**

Elliott, Mabel A., 91

Enemigos, 56, 656, 85, **87-88**, 101, 166, 176, 286-87, 290, 298, 325

Envidia, 127, **129**, 139, 182, 187, 211, 258, 309, 321, 397

Escritura, 31, 172, **237**

Esperanza, 62, 114, **159**, 186-90

Esquilo, 249

Eurípides, 239, 279

Evaluación del hombre, **227**

Exhibicionismo, 222, 297, 299, 300

Experiencia ajena, **253-254**, 342

F

Fanáticos, **97-98**, 123

Favorino, 199

Fe, 39, 57, 62, 66, 67, 69, 74, 114, 136, **159**, 160, 171, 175, 211, 233, 257, 258, 264, 269, 276, 284, 289, 290, 314, 325, 343, 373, 375

Felicidad, 31, 32, 39, 46, 47, 48, 49, 62, 63, 68, 73, 75, 127, 129, 134, 154, **209-215**, 216, 218, 258, 260, 265, 316, 319

Feijóo, Fray Benito, 103

Florecillas de mi Hogar, 117, 359

Freud, Sigmund, 121, 122, 123, 125

Freudianos, 119, 123

G

Gloria, 35, 42, 52, 65, 67, 85, 104, 116, 195, 200, **233-234**, 239, 391

Goblot, Edmond, 183

González-Serva, Aldo, 14, 22, 25, **391-397**, +*Índice Temático*

H

Hegel, Georg W. F., 182

Heine, Enrique, 271

Herodes Ático, 161

Hesíodo, 237

Hijos, 31-33, 35, 38-40, 42, 46, 49-53, 55-57, **61-70**

Historia, 23-24, 26, 97, 111, 124, 125, 143, 175, 177, 254, 293, 315, 317, 328, 329, **339-343**, 344, 373, 379, 388

Hogar, 12-13, 31-32, 42, 47, 49-51, **55-57**, 61-62, 65, 69, 73, 77-78, 79, 93, 108-111, 133, 144-145, 164, 214, 229-231, 246, 263, 268, 278, 298, 300, 318, 322, 351, 359, 374, 380

Homero, 133

Horacio, 253

Hugón, Eduardo, 183

Hume, David, 187

I

Ideales, 31, 43, 46, 213, 252, **317-319**, 334, 361

Ignorancia, 114, 121, 179, 180, **265**, 350, 360, 366, 379

Igualdad entre los hombres, **217**

Indecisión, **201-204**

Independencia espiritual, 246, **251**

Infortunio, 42, 52, 65, 73, 77, 78, 116, **233-234**, 239, 265, 322

Intrigantes, 65, 66, **93-94**, 176

Isócrates, 225, 261, 353, 365

Izquierdas, **329**

J

Jenofonte, 307

Juego, 41, 46, 66, 94, 158, **243-244**, 272, 277, 284, 285, 286, 289, 387

Juliano, 209

Justicia, 149, 193, **271-272**, 273, 292, 321, 335, 361

K

Kant, Immanuel, 182, 185, 319

Kollontai, Alexandra, 122-124

L

La Rochefoucauld, 127

Laercio, 101, 169

Lahr, Padre Charles, 182

Ley del Trabajo (1936), 335

Libertad de pensamiento, 7, **345-346**

Lisonjas, 55, **199-200**, 321, 363

Locke, John, 219, 328

M

Marañón, Gregorio, 121, 123, 395

Marañónicos, 119, 123, 395

March, Ausias, 115

Marco Terencio Varrón, 275

Marquesa de Sevigné, 234

Masas, 95, 303-305, 379, 395

Masocracia, 305, 395

Matrimonio, 42, 43, **45-49**, 51, 55, 108, 111, 213, 318, 356

Mausonio, 153

McLennan, John Ferguson, 121

Mesa redonda, 31, 50, 56, 67, 68, 110, 111, 144

Mesa, 13, 19, 55, 68, **275-280**

Meses y piedras preciosas, 58

Molina, Padre Vicente, 183
Muerte, 57, 66, 116, 122, 168, 172, **197-198**, 205, 206
Mujer y sus derechos, **103-109**
Mujer, 40, 41-43, 45-47, 50, 62, 64, 84, 93, **103-109**, 111-112, 119, 122, 246, 270, 271, 356, 374-375, 388-389
Murmuración, **307**, 309, 310-311, 397
Murray, Gilbert, 313

N

Necesidades, 82, 153, 222-223, **263-264**
Nietos, 68-69, 360
Novios, **41**, 43, 52, 75, 104, 127, 374
Nuestro tiempo, 167, **369**, 371-372
Nuevos ricos, **99**, 122, 178, 278, 290, 332

O

Obcecados, **97**, 279
Odio, 91, **113-114**, 182, 186-190, 199, 259, 304, 331, 370
Orden disciplinario, 50, **349**, 352

P

Palabra, 31, 68, 95, 97, 104, 133, 182-183, 210, 222, **237**, 249, 252, 284, 293, 339
Parientes, 43, **71-75**, 138, 141, 366
Pasadena, California, 384, 388
Pasiones concupiscibles, 188
Pasiones opuestas, 190
Pasiones, 37, 85, **181-195**, 271, 340, 363, 371
Patiquín, 25
Patria, 40, 114, 173, 292, **315-316**
Patrimonio económico, 213, 244, **245-246**
Perfidia, **171-172**, 309-310
Periandro, 153
Placer, 117, 119, 153, **161-162**, 182, 185, 187-188, 192, 209-210, 212
Plutarco, 246
Pobreza, 101, 178, **257-259**, 264
Poderosos, 85, 217
Polibio, 113, 151, 261, 311
Política, 74, 97, 166, 252, 272, 277, **283-299**, 326-327, 329, 333-334, 341
Políticos, 25, 251-252, 272, **283-289**, 303, 308-309, 324, 326-327, 333, 342, 346, 349-350, 354, 375, 377-378
Principio de derecho

mercantil, 155

Principios, 12, 13, 15, 25-26, 32, 106, 144, 182, **225**, 323, 337, 352

Procacidad, **229-230**

Proverbio castellano, 79, 116, 135, 159

Proverbio italiano, 197

Prudencia, 74, **133-134**, 186, 277, 361

Publicidad, 222, **297-300**

Publícola, 99

Publio Siro, 181

Q

Quintana, Florángel, 15, **7-10**, 14

Quinto Catulo, 41

Quinto Curcio, 101

Quinto Metelo Numídico, 199

R

Razetti, Dr. Luis, 163

Refrán andaluz, 93

Refrán aragonés, 83

Refrán popular, 192, 241, 254

Relaciones humanas, 50, 53, 66, 78-79, **361-363**

Relaciones sociales, **353-360**

Relajo, **229-230**

Religión, 47, 176, **313-314**

Resentidos, **91-92**, 336

Resignación, **135-136**, 162, 233

Responsabilidad, 7, 75, 201, **247-248**, 303, 366-367, 379-380

Ribot, Théodule, 185

Riqueza, 61, 68, 132, 209, 213, **257-260**, 261, 264, 290, 333

Robin, Léon, 317

Romero Sánchez, Alicia, 383

Romero, Leopoldo, 385

Romero, María Teresa, **23-26**

Rosalía de Castro, 319

S

Sabiduría, 7, 13, 21, 23, 133, 143, 212, 213-214, 235, 237, 253-254, **265-266**, 276, 319, 342, 360, 387

Sagrada Biblia, 45, 61

San Agustín, 227

San Francisco de Asís, 114, 117, 149, 159

San Juan de la Cruz, 234, 266

San Juan, 151, 198

San Lucas, 55

San Mateo, 160

San Pablo, 45, 61, 139, 149, 217, 224, 257

Sánchez & Compañía, 336

Santa Teresa de Jesús, 159, 161

Santo Tomás de Aquino, 339

Séneca, 81, 89, 119, 141, 149, 151, 160, 197, 200, 201, 205, 216, 221, 222, 224, 235, 252, 255, 257, 263, 297, 321, 346, 360

Silencio como protesta, **249**

Simón Bolívar, 314

Soberbios, 89.270

Socialismo, 294.371

Sófocles, 149

Soledad, **205-206**

Solón, 245, 246, 253, 261, 264

Stratthaus, Maria Isabel Córdova Romero de, 12, **17-22**

Subalternos, **81-82**, 347

Superstición, **175-180**

T

Talento, 103, 235, 303, 392

Talento sin modestia, **235**

Temor, 144, 161, 186, 187, 188-190, **201-204**, 234

Tinoco, Pedro, 350

Tito Livio, 113, 171, 217

Tolstoi, León, 37

Tradición, 19, 20, 57, 67, **143-145**, 211, 278, 314

Traición, **171-172**

Traidor, 171, 172, 173

V

Vecinos, **79-80**

Vehículos de la cultura, **237**

Vida institucional, **323**

Vigil, Constancio C., 257

Violencia, **147**, 185

Virgilio, 135

Vituperios, **199-200**

Voltaire, 303

ANEXOS

Eleazar Córdova Bello el día de su graduación de Licenciado en Historia en el año 1952.

ELEAZAR CÓRDOVA-BELLO

Foto familiar año 1954. De izquierda a derecha: Eleazar Córdova Bello, Leopoldo José Córdova Romero, María Josefina Romero Sánchez de Córdova, Maria Isabel Córdova Romero.

Día de la condecoración de la Orden Andrés Bello en primera clase (Banda de Honor), a Eleazar Córdova Bello; impuesta por el presidente de Venezuela, Dr. Luis Herrera Campins, en el año 1980. De izquierda a derecha: Alicia García Donate de Córdova, Leopoldo José Córdova Romero, María Josefina Romero Sánchez de Córdova, Eleazar Córdova Bello, María Isabel Córdova Romero de Stratthaus, Christian Eleazar Stratthaus Córdova, Hermann Joseph Stratthaus Córdova (+).

Eleazar Córdova Bello el día de la imposición de la Banda de Honor de la Orden Andrés Bello, en primera clase; acompañado de su esposa María Josefina Romero Sánchez. Año 1980.

Bargueño que contiene la obra original "Consejos y Recomendaciones para mis hijos" y otras publicaciones de Eleazar Córdova Bello y de otros autores. Existen dos replicas originales pertenecientes a sus dos hijos María Isabel y Leopoldo.